リーダーは自然体

無理せず、飾らず、ありのまま

増田弥生　金井壽宏

光文社新書

目次

はじめに（金井壽宏）　7
第一章　リーダーは自分の中にいる……13
第二章　新人でも「社長目線」で取り組む——お気楽ＯＬのリーダーシップ入門時代……29
第三章　どこでも通用するプロになる——転身、専門性を磨いた時代……65
第四章　自分自身のリーダーシップを磨く——再び渡米、「筋肉」を鍛える旅へ……125

第五章　グローバル時代のリーダーシップ……177
第六章　リーダーとしてより良く成長する……215
終章　リーダーシップのベース：「自己理解」と「自己受容」（増田弥生）……235
注釈　254
解説（金井壽宏）　257

＊本文中で使用している役職名・組織名は当時のものです。

はじめに　（金井壽宏）

わたしは経営学者として組織行動（組織のなかの人間行動）を研究する立場から、これまでたくさんの調査研究に携わってきたが、質問紙を使った大規模調査よりも、一人ひとりとの深いインタビューから学ぶことの方が多かったという経験をもっている。観察だけでわかることは少ないのだが、それでも現場を訪ねるのは大事だと思ってきた。現場のフィール (the feel of a field) を五感で体感しながら、観察だけではわからないことを、フィールドでのインタビューによって明らかにできたときが、仕事を通じての最高の経験となった。

この本でも、聞き手・話の引き出し役を務めた。その役柄とあわせて、語られるエピソードについての経営学的な意味合いを解説し、読者の実践への橋渡しをしようと努めた。

人の話から学ぶことは多い。人間は、学校を出て、仕事の世界に入り、フルタイムで働くようになってからも、「それまではできなかったことができるようになる」という感動、いくら上達、熟達しても、音楽やスポーツの世界と同様に「世の中にはもっとスケールの大きい人がいる」という感動を得られる。ここで言う感動とは、ラグビー元日本代表の林敏之さん（現・神鋼ヒューマン・クリエイト）が何度も教えてくれた通り、「感即動（感じること即《すなわ》ち動き）」であり、大きく深く感動し、それによって積極的なアクションが起こるということだ。

仕事をしてきた人の個性を知るためには、当然のことながら、仕事のうえで遭遇した経験と、その経験をしながら薫陶を受けた周りの人々との関係を知ることが大事となる。

経験は、座学で学ぶのとは違って、仕事上の専門知識を、実践で使えるように伸ばし、深化させてくれる。それだけでなく、他の人々との関係をよりうまく生かすことができるようになれば、結果において相手の役にも立ちながら、自分もうまく支援ができるようになってくる。経験は、その意味で、対人関係をリーダーシップにつながる形で伸ばす場である。

本書の主役・増田弥生さんは、日本企業に「ふつうの会社員」として就職し、いわゆる雑用仕事や秘書業務をこなした後、海外営業、日米合弁企業の立ち上げ・撤収といったビジネス経験を積んだ。その後、人事の世界に入り、リーバイ・ストラウス社（リーバイス）の日本法人に転職。組織開発担当をへて、本社サンフランシスコでグローバルリーダーシップ開発に携わった。そして、シンガポール、再び東京と異動した後、少しのブランクをおいて、アメリカでナイキ・アジア太平洋地域本社の人事部門トップに就いたという異色の経歴をもつ。

本書のなかでも詳しく述べられるように、当時のリーバイスは「HRの先進企業」であった（HR＝Human Resource：人材マネジメントについての詳細は「解説」を参照）。そのなかで、組織開発やコーチングの実際、つまりライセンスや知識を保有しているだけでなく、それらを実践してきた経験が増田さんにはあり、その実力はナイキにおいてもいかんなく発揮された。外資系企業の日本法人ではなく、本社で経営幹部として採用された日本人を私はほかに知らないし、またおそらく、（コーチングを含む）組織開発の実践知において、彼女ほど説得力のある人を、ほかに探すことは難しいだろう。

彼女には自由を楽しむ勇気があり、組織開発のプロと自覚しつつ、あわせて自分の持ち味はリーダーシップであると、これもまたはっきりと自覚されている。なにより、かなりたいへんな場面でも自然体でいて、自然体ですごいことをなさっている。そういう点も聞き手の興味を惹《ひ》いた。

かつてわたしは、すごい経験をしてきて、考えも深く、書籍を書けるはずなのに、忙しくて書かない畏友・野田智義さん（特定非営利活動法人アイ・エス・エル理事長）のために、話の聞き手となり、うなずきながらの自分なりのコメントや解説を加えて、『リーダーシップの旅』（光文社新書、二〇〇七年）を上梓させていただいた。

本書は「もうひとつのリーダーシップの旅」である。増田さんが自身の経験を通じて身につけてこられたのは、グローバルで通用する組織開発という実践的専門知識とリーダーシップ発揮力であり、自然体で歩んでこられた彼女が、振り返るとこうなっていたという「轍《わだち》」を読み解くのが、本書の課題となる共同作業であった。

しかし、今回お聞きした語り、そこからの意味づけの世界は、前作とはだいぶ勝手が違った。いつものわたしであれば、共著で書籍を世に送り出す際には、自分でも少なくとも半分の量を書き、あるいは語ろうとするのだが、今回は共著者というよりも、聞き手、コメンテーター、学者では知りようのなかった奥義を読者のために引き出す役柄を重視した。たとえて言うなら、人気テレビ番組『徹子の部屋』をお手本に、興味ある生き方・働き方をしている人の語りと、それについての（野暮でない程度の）学問的解説を、活字によって一冊にできないかとの試みであった。

これはわたしにとっては、新たな執筆スタイルへの挑戦でもあり、わたし自身はその役割を大いに楽しんだ。また、二・三・四の各章では、読者が増田さんのたどった旅を体感しやすいように、あえて質問者を編集部とし、わたしは各章の終わりにまとめの文章を添えた。

前作を読まれた人は、本書を読むことで、いっそう、働き方、生き方、専門の深め方、人とのつながり方、リーダーシップの発揮の仕方、リーダーシップの見つけ方について、さらに多様なインプットを得ることになるだろう。

コンパクトな新書であるので、けっして長旅の読書にはならないだろうが、先に、これから記述される増田さんの旅を特徴づけるキーフレーズを記しておくと、以下のようになる。

・増田さん本人は、自分について、ふつうの人であるという自覚が鮮明なこと
・ふつうであることと、大きな自信と柔軟さが両立するということを教えてくれること
・むりをしていない旅であるのに、チャンスをうまく生かしていること
・旅のプロセスにおいて、多くを学び、多くの人とつながっていること
・その結果、専門性を磨いていること、たとえば人材開発・組織開発・コーチングなどのプロになっていること
・またその結果、いつのまにか自然に深くリーダーシップを発揮できる人になっていること

・そして驚くべきことに、この全プロセスを通じて、「自分はふつうの人である」という自覚を維持し続けているどころか、ますますその自覚が深まっていること

読者の皆さんに自問してほしいのは、ただひとつ。

「あなたは、どのような旅をしたいのか」

この問いである。

第一章　リーダーは自分の中にいる

リーダーシップは「みんな」のテーマ

金井□リーダーシップと聞くと、難しいとか、自分には縁がないとか、特別な人だけが発揮するものだと思って敬遠する人が少なくありません。

しかし私は、リーダーシップは「みんなのテーマ」だと言い続けています。会社や組織のみならず、日常のあらゆる場面にリーダーシップは満ちあふれており、人はひとりで生きているのでない限り、あらゆる場面でリードしているか、されているかです。

たとえば子どもたちが公園で遊んでいて、そのうちの一人が「缶けりをしよう」と言い出し、他の子どもたちにルールを教えて、みんなでわくわくするようなひとときを過ごせたら、言い出しっぺの子はその日、ささやかだけど純然たるリーダーシップを経験したことになります。

あるいは学校の教室でボヤが起きたとしましょう。このとき、生徒のうちの誰かが「バケツリレーをしよう」と呼びかけて、それがきっかけで消火活動が始まり、クラスの協力で火を消し止めることができたとしたら、そこにもリーダーシップは見られます。

誰かが何かを語り、権力や権限や組織の仕組みによってではなく、その人の語る内容や言行一致の行動によって、周囲の人が「この人にならついていってもいい」と思って喜んでついていったとき、社会的影響力としてのリーダーシップは存在します。缶けりを提案した子どもやバケツリレーをやろうと呼びかけた生徒のことを「自然発生的リーダー（エマージェント・リーダー）」と呼びますが、私はリーダーシップにまつわる誤解を解くには、このようなリーダーのイメージに立ち戻って説明するのがいいと思っています。

増田■確かにリーダーシップというと、会社のえらい人とか有名人とか偉大なことを成し遂げた人といったスーパースターを反射的にイメージする人は多いと思います。そもそもリーダーという呼び名自体が「すごい人」を連想させるのかもしれません。

しかし、私も金井先生と同様、誰でもリーダーになれる可能性はあると考えていますし、誰もがリーダーであった方がいいとも考えています。公園で缶けりをやった子どもたちの中から、別の日に「今日は縄跳びをやろう」と提案する子が出てきたら、今度はその子がリーダーです。教室でボヤが起きたとき、一人はバケツリレーを始め、一人は消火用の砂をとりに走ったとしたら、その二人ともがリーダーだと言えるでしょう。

働く組織においてリーダーと言うときは、肩書きや立場を指すことが多いのですが、リーダーシップは発揮するものであり、行動の形、存在の仕方です。だからみんながリーダーになりえます。リーダーとフォロワー（ついていく人）の関係もけっして固定されたものではありません。

そこで読者の方々にイメージしてほしいのは、もしもあなたの属する組織がそういうリーダー、公園での遊びの輪の中で缶けりを提案できたり、突然の火事に見舞われたときにバケツリレーを始められるリーダーであふれているとしたら、組織はどうなるか、どう変わるのかということです。

金井□企業の人の中には、リーダーが多すぎると大変ではないかと勘違いして言う人もいますが、缶けりやバケツリレーができる人が組織に多くて困ることはありませんね。そういうリーダーシップの連鎖はいくらあってもいいぐらいでしょう。

増田■そうだと思います。私の場合は、三〇代前半でリーバイ・ストラウスという企業に入り、「社員全員にリーダーシップを期待する」というメッセージを受け取りました。以来、「ふつうの私が発揮する日常のリーダーシップ」を意識しています。リーダーが「すごい」のではなく、リーダーシップを発揮すれば、誰でも「すごい」ことができると信じています。

組織のリーダーシップのわかりにくさ

増田■金井先生は二〇一〇年四月から、神戸大学大学院経営学研究科の研究科長を務められ、大学院生や学生を指導する教授でもあり、また本をたくさんお書きになっているオピニオンリーダーでもあります。これまでのご自身のリーダーシップ経験についてはどうお考えですか。

金井□実を言うと、一番楽しかったのは、住んでいる街の自治会長をやったときです。たまたま改選時の会合に出席したところ、半ばなりゆきで選ばれてしまって、内心、ババ引いたなあと思わないでもなかったのですが、やってみたらこれが本当に面白かった。

会長として何をやるかとなったとき、私は「防犯活動に真剣に取り組みます」と決意表明しました。そしたら、住民から一目置かれている迫力のある女性にいきなり「ダサいわ」と言われてしまいまして、ちょっとへこみかけたのですが、近所で空《あ》き巣の被害も出ていましたから、「とにかくやります、防犯で一番の街にします」と宣言しました。

　任期中は他の役員と一緒に警察に相談に行ったり、火の用心の見回りをやったり、「防犯カメラ作動中」という看板を設置するために看板屋さんを訪ねたりと、なんだか忘れかけていた楽しさを思い出させてくれるような日々でした。「門灯をつけよう運動」というのもやりました。ニューズレターで住民に周知して、ある夜とうとう全戸の灯《あか》りがともっているのを見たときは感動しました。最初は冷めていた人が、後々、「取り組んでよかった」と言ってくれたのもうれしかったですね。

増田■それは金井先生が「大学教授」という肩書きを外して、地域コミュニティにおける「金井さんちの旦那さん」として発揮したリーダーシップですね。自分が属するコミュニティのために役に立とうとし、他の住民たちをその気にさせて、結果として防犯が実現してコミュニティが変わっていった。その中で自分もわくわくし、コミュニティのメンバーたちとのつながりも感じられたのではないかと思います。リーダーシップは「誰でも」発揮できると同時に、会社や組織に限らず「どこでも」発揮できるということがよくわかります。

金井□むしろ会社や組織でのリーダーシップを語る際の方がわかりにくさがつきまとうんですよ。社長にせよ、部長にせよ、課長にせよ、会社や組織で一般的にリーダーと呼ばれる人たちを「任命されたリーダー（アポインテッド・リーダー）」と言いますが、この人たちは予算権や評価権や人事権といった「武器」を握っているため、そのリーダーシップにいくぶんかの「不純物」が混じっているわけです。だから部下がその人に本当に喜んでついていっているかどうかが見えにくくなります。

私が自治会長をやったから言うわけではありませんが、会社では「こわもての名物部長」と恐れられているのに、自治会の会合に出てみるとどうもさえなかったという人がいたら、その人は自分のリーダーシップはあやしいと反省した方がいいかもしれません。

増田■もちろん会社や組織で役職が上の人には、職責上、質の高いリーダーシップを発揮してほしいし、発揮してもらわないと困ります。しかし、じゃあリーダーシップは組織の上位者にすべて任せておけばいいかというと、私はそれも違うと思うのです。

サッカーやラグビーなどのフィールドスポーツでは、試合が始まって選手の目の前にボールが転がってきたら、選手は自分のポジションがどうかということより、得点を挙げるために今自分は何をすべきか、ボールをとって走るのか、それともパスを出すのかといったことを瞬時に考えてプレーします。

会社や組織を取り巻く状況もこれと似ていて、いったん現場で仕事が回り始めたら、その場その場の判断は、個々人が自身のリーダーシップをフルに発揮しなくてはできません。現に、接客サービスで定評のあるアメリカの百貨店ノードストロームや、従業員たち自らが顧客満足度を上げているザ・リッツ・カールトンでは、そういった個人のリーダーシップがうまく実践されていますよね。

金井□私は、若いときからイニシャティブをとってリーダーシップを発揮する人がいいと思っていますし、自分の教え子たちにもそうあってほしいと期待する一方、会社に就職したら上司や先輩の言う通りにきちんと働くことも大事だから、最初のうちだけは我慢して、周囲の信頼をしっかり築くべきだとつい言ってしまうこともあります。自分の中で二重基準《ダブルスタンダード》をもってしまっているなと反省しているのですが。

増田■我を通しすぎるのはよくないでしょうけれども、入社一年目からでも、上司や先輩の言うことをちゃんと聞きつつ、自分らしさも出して、会社や組織のために貢献することはできると思いますよ。従来のやり方を批判するだけだったり、職場のダイナミクスを壊したりするのではなく、自分の考えをちゃんと言語化して、勇気をもってイニシャティブを発揮できる若い人も育っていると思います。

それに今の世の中、言われたことをきちんとやるだけだったら、その人は本当の意味で組織に貢献しているとは言えないでしょう。企業や組織の側でも、若い人たちのフレッシュな視点の価値を認め、取り入れたいと思っているでしょうし、そうでない企業や組織は今後は行き詰まっていくのではないでしょうか。

金井□もしかすると、企業の上司とか人事部門の人たちの方が、新人は言われたことをきちんとやっていればいい、自分の考えで動くのはまだ早いなどと決めつけている可能性もありますね。

変革を起こすミドルたちの研究をしていてもわかったことですが、リーダーシップをとる人の特徴の一つには、通常の予算以外のお金を探してくるとか、仕事を自分でつくり出すといったよい意味での「行儀の悪さ」があります。ですから上司や人事の人の中には「こんなタイプがたくさんいたら、うちの組織は大変なことになる」と心配する人もいます。私は「心配しなくても、そういう人が組織には足りないんです」と助言するようにしているのですが。

増田■先日、企業が実際の採用試験で出す問題に、芸能人や文化人がスタジオで挑戦するというテレビ番組を見ました。出題される問題はどれも知識ではなく発想力を問うような難問奇問ばかりで、見ていてたいへん面白く、日本の企業も案外やるじゃないのと感心しました。

少なくともあの番組に出ていた企業の人事部門は、新人の新しい発想や視点を求めているのでしょう。ここから先は想像するしかありませんが、ああいった会社で新人たちが配属される各部署でも、所属長たちが新人それぞれのユニークさや可能性を大事にしつつ、その育成に力を入れ続けているとしたらすばらしいと思います。

組織に変化を起こすリーダー

増田■しかし、組織の中でリーダーシップをとれと命じられると、責任が重いんじゃないかとか、自信がないとか、報酬や評価に絡んでくるんじゃないかといった理由から、尻込みしてしまう人もいるようですね。

金井□先ほどは自治会の話をしましたが、友だち関係にしても、あるいは家族でも恋人同士でも、自分が愛着をもっている人たちのために、何かをしたいと思って行動し、結果として相手が喜ぶようなことが一緒にできれば、それをリーダーシップとは呼ばないかもしれないけれども、やった人は充実感を得られると思います。

　再び個人的な話をすると、私は神戸大学の経営学研究科にはお世話になるだけでなく、できればお返ししたいと思ってきました。他方で、正直に言うと、研究や執筆や教育に自分ひとりで取り組む方が自由でよいという気持ちもあり、できれば研究科長の役職から逃げたいと思っていた時期もありました。しかし、順番が来たときには、その職を素直にお引き受けする気持ちにやっとなれました。今は、みんなが喜ぶようなことが一つでも二つでも実現できたらいいと願っています。

増田■自分が属するコミュニティのよりよい未来の実現のためにリーダーシップをとるということですね。

金井□組織になぜリーダーシップが必要かというと、J・P・コッターは「変化」をキーワードとして挙げています。合理的に設計された組織には守るべき仕組みやルールがあります。環境に変化がないのであれば、既存の仕組みやルールにのっとって、決められたことが決められた手順できちんと行われていればいいのです。

でも仕組みやルールが環境の変化に合わなくなったときは、誰かが変えなくてはなりません。ひと言で言えば、変化がある世界の中で組織に変化を起こすのがリーダーであり、リーダーシップです。

もちろん、あまり変化と言いすぎると、ややヒステリックな話になります。私が好きな「ラインホールド・ニーバーの祈り」にはこうあります。

神よ、
変えることのできるものについて、
それを変えるだけの勇気をわれらに与えたまえ。
変えることのできないものについては、
それを受けいれるだけの冷静さを与えたまえ。
そして、
変えることのできるものと、変えることのできないものとを、
識別する知恵を与えたまえ。

（大木英夫訳）

会社や組織には絶対に守るべき基盤もありますから、変えるべきことと変えてはいけないことの見極めは大切です。

増田■組織がずっと同じルールに基づいて動いていると、メンバーの間で同質化が進んでしまい、新しい発想や視点をもつとか、新しいアプローチをとるといったことができなくなります。特に現代は世の中がグローバル化するとともに多様化していますから、過去において成功したやり方が今では通用しないというケースも多くなりました。だからリーダーシップ

が必要なのだとよく言われます。

このことに本当にピンときている日本人がどれくらいいるかとなると、私は少し疑問も感じるのですが、世界は間違いなくその方向に進んでいます。たとえば今の中国の成長の伸びがこれほどまでに大きいとは、かつては誰も予想できませんでした。そして、この変化にちゃんとついていけている企業がどのくらいあるかとなると、実際のところ、まだ非常に少ないわけです。

とはいえ、すべてを変えるのがいいとは私も思っていません。組織開発の世界では、組織には、維持すべきことと、新しく始めるべきことと、やめるべきことがあると言います。どんな会社にも、維持しなくてはならないことは必ずあります。組織の価値観や理念、それをとったらその会社ではなくなるというものは守らなくてはなりません。

しかし、新しく始めるべきこととそのためにやめるべきことも間違いなくあるのであって、そうした動きを牽引し、組織の細胞を活性化していくのがリーダーの役割です。つまるところ、組織はリーダー（この場合は組織の長）の器を超えません。組織で起きていることのすべてはリーダーの責任だと言ってもいいでしょう。

金井□それと、リーダーには次のリーダーを育てるという重要な役割があります。ビジネスパーソンとして一匹狼的に働いてきた人でも、中年期にさしかかって以降は、それまで自分が教わったこと、学んだことを、次の世代に伝えるという世代継承性の課題に直面します。厳しい言い方をすると、卓越したビジネス感覚をもっていて仕事はよくできるのに、まったく人を育てていない人がいたとしたら、その人は「発達不全」ではないかと私は見ます。リーダーなんか柄じゃないと決め込んでいた人でも、キャリアの後の方の段階になったら、ひとりではできないぐらい大きなことを若い世代とともに成し遂げ、その成果を通じて、次世代のリーダーを育成してほしいものです。

この本をどう読んでほしいか

金井□これからお話ししていただく内容を先取りするようですが、増田さんはよくリーダーシップの「筋肉」「筋トレ」などという言い方をされます。筋肉にたとえて説明されるのには、何か理由があるのですか。

増田■リーダーシップは、筋肉と同じように誰にでもあると思っているからです。どんな人にもリーダーになる可能性はあります。自分にはその能力がないと言う人は、リーダーシップの力を使っていないか、鍛えていないだけではないでしょうか。

ジムでトレーナーの指導を受けながら筋トレをすると、自分では意識していない場所の筋肉にちょっと指を添えられたりして、「ここを意識して持ち上げてみて下さい」などと言われます。そうすると、今まで鍛えられていなかった箇所が鍛えられて、より重いものが持ち上げられるようになったりします。

私たちがリーダー育成にかかわるときのアプローチもそれに近くて、本人がふだん意識していないところに意識が向くようにお手伝いするだけで、スムーズに力が発揮できるようになったりします。つまり、ふだん使わない筋肉にも意識を向けて継続的に鍛え続ける筋トレと似ているのです。

金井□筋トレの本をいくら読んだからといって、筋肉がつくわけではないように、リーダーシップの本をたくさん読んだからといって、リーダーシップが身につくわけではありませんから、その意味でも似ていますね。実は、私もスロートレ系の筋トレを毎日するようになって二年ほどの間に少しは「しまった体」になり、階段を上るのは二〇代の頃より楽になったのですが。

増田■リーダーシップは他人のものではなく、自分のものです。専門家から教わったり本で読んで多少は学ぶことはできても、その人自身が自分で仮説を立てて行動を起こし、継続的に実践し、ときどき立ち止まって振り返ること以外に身につけるすべはなく、高める方法もありません。たくさん本を読んだりセミナーに通ったりしているのにリーダーシップが身につかないという人がいたら、おそらくその人は読書後ないしセミナー参加後に「行動・実践・振り返り」をしていないのではないのでしょうか。

ですから読者の方々にあらかじめお願いしておきますと、この本を読み終わって、リーダーシップに興味をもったら、すぐに次の本を買いに行くのではなくて、何か自分で行動宣言して、翌日から三カ月間とか半年間程度、実践してみてほしいのです。できれば、その間に周囲の人からフィードバックをもらいながら、自分のリーダーシップがどう変わったかについて振り返って確認して下さい。それで半年間たって何も変わらなかったら、次の本を探しに書店に行っていただいてもかまいません（笑）。

金井□いい提案ですね。「リーダーシップの旅」は筋トレの旅だから、自分自身の足で歩いてみること、それが肝心というわけですね。それでは次章以降では、増田さんがたどってこられた旅路を振り返っていただきましょう。

第二章　新人でも「社長目線」で取り組む

――お気楽ＯＬのリーダーシップ入門時代

「場所」で選んだ就職先

――（聞き手は編集部。以下すべて同）ここからは、増田さんがグローバル企業でリーダーシップ開発に携わっていくようになった旅路を振り返っていただこうと思います。まずどのようにキャリアの第一歩を踏み出されたのかについてお話ししていただけますか。

日本でふつうの会社員をしていた一〇年間のことから話しましょう。私は東京の下町で生まれ育ち、都内の私立大学を卒業した後、事務機器・ＯＡ機器メーカーの株式会社リコーに入社しました。リコーという会社を選んだのには、ややミーハー的な理由もありました。

就職活動をするにあたって、私が設定した条件は三つでした。一つ目は、勤務先が銀座もしくは青山・表参道周辺にあること。二つ目は、ビジネスがわかりやすそうなこと。三つ目は、四年制大卒の処遇が男性と女性とで違わないこと。

一番重視したのはなんといっても一つ目で、とにかくオシャレな場所にある会社で働きたいと心に決めていました。お気楽ＯＬになりたかったと言うとしかられそうですが、アフターファイブをいかに楽しく過ごすかを何より優先して考えまして、地下鉄銀座駅や青山一丁目駅や表参道駅から徒歩五分圏内に本社がある企業ばかりを狙って受けました。特に青山・表参道周辺は中高生時代からのお気に入りのエリアでしたから、できればその辺りで働きたいと思っていました。

二つ目のビジネスのわかりやすさとは、その会社のビジネスが感覚的にわかりやすいものだったらいいなということです。銀行や証券といった金融系の仕事はなんとなく難しそうなので、ものをつくって売る製造系の仕事がいいと思っていました。

三つ目の処遇については、時代状況と多少関係があります。当時は男女雇用機会均等法が施行される直前で、企業側も四年制大学卒の女性の採用にいくらか前向きになっており、女性の登用の必要性がようやく叫ばれ始めた頃でした。私の場合、女性の働く権利を鼻息荒く訴えるつもりはまったくなかったのですが、やっぱり働くからには、ちゃんと一人前になって、自分の力で食べていけるようになりたいとも思っていました。ですから、大卒の女性を男性と同じように扱ってくれる会社に行きたかったのです。

リコーの本社はその頃、青山にあり、事務機器メーカーですのでビジネスの中身はわりあいわかりやすそうでしたし、大卒男性と大卒女性の初任給も同じでした。私にとっては願ったりかなったりの就職先だったのです。

その年、リコーに採用されたのは、大卒では男性二〇〇に対し、女性二〇人ぐらいだったと記憶しています。新人研修は男女別々でした。大卒男性が販売実習・製造実習・サービス実習をそれぞれ一カ月ずつぐらいみっちり受けていた一方、私たち大卒女性は短大卒の人たちと一緒にマナー研修を一週間ほど受けると、すぐに各部署に配属されました。その点ではやはり、私たちはまだ「女の子扱い」されていたのかもしれません。

私の配属先は、海外本部の販売計画というマーケティングを担当する部署でした。新人女性社員の仕事は、朝は誰よりも早く出勤して、机をきれいにふき、上司や先輩社員が出勤してきたらお茶をいれ、電話が鳴ればとり、コピーを頼まれればコピーし、午後三時にはまたお茶をいれるといった雑用が中心でした。私にとってはそれも楽しく感じられ、定時に仕事が終わると、同期の女性社員たちと会社の近くでお茶を飲んだり、ショッピングをしたりと、期待通りの楽しいＯＬライフを満喫していました。

入社早々、失敗もたくさんありました。「電話が鳴ったらすぐに受話器をとりなさい」と言われていたので、張り切ってとって、電話機を床に落として壊してしまったり、交換手の人から「外線からお電話です」と回ってきた電話をとったとき、「外線」を「外国」と勘違いして、おそるおそる「ハロー?」と言ったら、相手の方が私を外国人だと思ったらしく、びっくりして切ってしまったり。周囲の人たちに、今年の新人女性はずいぶんドジだなと思われていたにちがいありません。

「資料スペース」をつくる

——お茶くみやコピーとり以外には何か担当されていましたか。

配属された販売計画という部署では、競合他社の製品情報を収集しておく必要があり、私の最初の担当業務は新聞や業界紙などからそういった情報を探すことでした。毎日、新聞などに目を通し、そういう記事が載っていれば切り抜いて用紙に張って、社内の関連部署にコピーを配っていました。

切り抜きを担当していると、社内のいろいろな人たちから「先月、A社の新製品情報が新聞に出ていたと思うけど、あれはどういう話だっけ?」とか、「B社のこの機種についての切り抜きはある？」といった質問や問い合わせも受けました。それらに一つひとつ答えるのも私の役目でした。

その仕事を始めて三カ月ぐらいたった頃だったでしょうか。だんだん慣れてきて、よくある質問や問い合わせのパターンがだいたいつかめてきました。そこで、私は競合他社の製品情報をまとめて「月報」を出すことにしました。切り抜き記事の内容を基に、毎月、短いレポートを手書きで書いて、職場で配ってみたのです。誰からも頼まれたわけではないので、無反応な上司や先輩社員もいましたし、中には読んでほめてくれたり、アドバイスをくれる人もいました。いただいた意見は参考にして次号に生かすようにしました。

それと、質問や問い合わせが来たときに私が席にいないと対応できないため、誰でもいつでも資料を閲覧できるようにしたらどうだろうかと考え、過去の切り抜きを競合別・機種情報別に分類してファイルしてみました。

ファイルは次第に整備され、増えていきました。どこかにまとめて置きたいなと思って探してみると、販売計画のあった七階の隅の、ふだんは打ち合わせに使ったり、女性社員たちがお弁当を食べたりするのに使う場所に、ちょうどいい棚がありました。そこで管理課長さんに直接かけあってみたところ、使ってよしと許可が得られましたので、自分で棚を整理して、ファイルを並べました。結果的にそこは、引き続き打ち合わせや昼食をとる場所として使われながらも、「資料スペース」と呼ばれるようになりました。私はその管理担当になりました。

振り返ってみると、この出来事は私にとって初めてのリーダーシップ体験だったのかもしれません。リーダーシップは役職や肩書きがないと発揮できないものではありません。ある人が組織全体にとって必要とされることを見極め、自らイニシャティブをとって行動し、その行動が組織に価値をもたらしたときに、リーダーシップは発揮されたと言えます。

ただ、当時の私はもちろんそんなことは知りませんでしたし、リーダーシップを発揮したつもりもありませんでした。それに資料スペースをつくったのは、組織のためというよりは、自分が席にいなくてもすむ仕組みをつくりたかったからでした。実際、切り抜きをファイルして資料スペースに置き、みんなが見たいときに閲覧できるようにすると、質問や問い合わせが減った分、私の負担は軽くなりました。これで早く家に帰れる、遊びにも行ける、ラッキーと思っていました。

失敗続きの秘書時代

——動機はともかく、自らイニシャティブをとったのは、リーダーシップの入門編を早くも体現しておられたと言えます。ほかにどんな仕事をされましたか。

私の行動が評価されたのかどうかわかりませんけれども、海外本部長担当の秘書に抜擢《ばってき》されてしまいました。しかし、秘書の仕事に私はとても不向きだったようで、失敗したり落ち込んだりする日々が続きました。

当時、私に期待されていた秘書としての役割は、スケジュール管理、コミュニケーション窓口、受信書類の処理や文書発信、本人つまり本部長が不在のときの業務処理、会議や会合のアレンジ、出張の手配、接客、庶務などさまざまな業務でした。このうちのほとんどを占めるいわゆるルーティンタイプの仕事が私は非常に苦手でして、向いてないということはやってみてすぐにわかりました。

おかしたミスを数え上げればきりがありません。本部長は役員でしたので、秘書は本部長室に入るとき、いつも必ず丁寧におじぎをしなくてはならなかったのですが、私はうっかり忘れることが多く、ときどき思い出したようにまじめな顔で深々と頭を下げたり、おじぎを忘れて部屋に入った後、入口に戻っておじぎをやり直したりしていたものですから、本部長から苦笑され、「増田さんはしょっちゅう出入りするんだから、おじぎはしなくてもいいよ」と情けないお許しをいただく始末でした。

役員フロアでのお茶くみも仕事の一つでしたが、扉を開けて部屋に入ったときに誤って背中で部屋の灯りを全部消してしまったり、あろうことか、コーヒーを当時の社長の足にこぼして火傷《やけど》を負わせたこともありました。コーヒーをこぼした後は、秘書室から「床にシミができるから、今後、増田さんが出すのはスプライトだけにして下さい」と言われました。

本部長ご本人にもずいぶんご迷惑をおかけしました。アポイントメントが入っているのをど忘れしたり、間違って二つアポを入れたり。それから本部長が取引先に持っていくお中元の品物を私がうっかり渡し忘れ、あわてて別の社用車に飛び乗って、カーチェイスの末になんとか無事渡すという騒動も起こしました。

一九八〇年代の初めに東京で日食が観測できた日がありました。どういうわけか私は、本部長はきっと日食を見たいはずだと思い込み、お昼頃、車で出かけようとする本部長に「お使い下さい」と言って、黒い下敷きを手渡しました（下敷きで日食を見るのは危険だということも知りませんでした）。ところが重要書類を渡すのを忘れて、「しまった」と気がついたときはもう間に合いませんでした。後で本部長は「増田さんは書類は渡してくれないけど、下敷きをくれるんだよなあ」と周囲にぼやいておられました。

評価された面もなかったわけではありません。書類の整理は面白くて好きでしたし、うまくこなしていたと思います。ふつうは取引先企業などから本部長宛に書類が送られてくると、「緊急」「重要」「ご参考」などと仕分けるところまでが秘書の仕事となりますが、私は各担当部長と相談して返信書類を手早く作成し、留意点をメモで添えて本部長に渡すように工夫してみました。次工程を考えた行動は、私が働き始めた頃すでに身についていた習慣のようです。自分がこれをやったら何の役に立つか、どうすれば次の人の仕事が楽になるかということは常に念頭に置いていました。

しばらくして、私の下にもう一人、アシスタントとして女性秘書がつくことになり、本部長の身の回りのお世話はその人に任せられるようになりました。それにより、私は苦手なルーティン仕事からは解放されたのですが、秘書は向いていないのではないかという思いは消えませんでした。

最近、私が実家を整理していると、リコーの社用便箋数枚に鉛筆書きでしたためた文書が出てきました。今となってはよく思い出せないのですが、どうやら本部長担当秘書だった頃に私が書いたものらしく、その中で私は、「現行業務遂行上思うこと」として、①業務の目標・範囲が不明確で、何をどのレベルまで達成するよう要求されているのか、期待されているのかがよくわからない②今後の自分の社内における処遇、進路設定が見えず、後任の育成も配慮されていないように思える③業務知識の不足を補充する機会がなく、既存の知識では、処理すべき内容量に対処できない④キャリアとして秘書に適性があるとは思えない――などと切々とつづっていました。

文書の後半では、自分の能力・資質にもふれ、「スタッフ部門や現場で様々な知識・技能を身につけ、経験を深めて、キャリア開発をしていきたい」「長期の展望のもとで、男性社員と同じチャンスを与えられる環境で仕事がしたい」と異動の希望が述べてありました。

そして何より驚いたことに、秘書に必要と思われる知識・能力・資質についてもふれ、後任の選出にあたって参考にしてほしいというようなことまで書いていました。二〇代の私にどうしてそんなことが書けたのだろうと不思議な気持ちになります。

この文書を会社に提出したのかどうかは忘れました。実家にしまってあったということは、出していないかもしれませんし、清書したものを出したのかもしれません。いずれにせよ、会社側も「秘書は適材適所でなかった」と判断したようで、私は海外営業の仕事に異動することになりました。

大嫌いだった英語

――英語を使う仕事についたのですね。

実を言うと、私は英語との相性はけっしてよくありませんでした。中学・高校と赤点ばかりとり、大学ではあえてドイツ語を第一外国語に選択したぐらい英語が嫌いでした。リコーに採用されたときも、「英語を使わなくていい仕事をさせて下さい」とお願いしたほどでした。

それなのに海外本部に配属されてしまい、入社後すぐに社内の英語クラスに通わされました。もちろん、それですぐ英語がうまくしゃべれるようになったわけではありません。ただ、ドイツ語は大学時代の先生のおかげで好きになり、しゃべれるようになっていましたので、海外営業の仕事に移ると、最初はドイツ企業との取引を担当することになりました。

リコーがOEM（相手先ブランドによる生産）をしていた複写機を売る仕事でした。

あの頃、海外営業では、営業担当は船積み担当とペアを組んで仕事をするのがふつうでした。男性の営業担当者が相手先と交渉して販売数や価格を決め、女性の船積み担当者がアシスタントにつくという組み合わせが一般的でした。ところが私は何かの事情で、最初の数カ月間は営業と船積みをひとりで両方やることになりました。貿易実務の知識はまったくありませんでしたので、通関手続きや、ＦＯＢ（本船甲板渡し条件）やＣＩＦ（運賃・保険料込み条件）などの取引条件、あるいは出港日のやりくりといったことを一から勉強しました。新しいことを学ぶのは楽しく感じましたし、ビジネスの仕組みや物の流れを体感できることに充実感もおぼえました。

多少なりともドイツ語が生かせたのも幸いでした。相手先はコミュニケーションしやすいと思ってくれたようで、私も面白かったのをおぼえています。

もう一つよかったのは、秘書時代の縁が生かせたことでした。ドジばかり踏んできた私でしたが、そのおかげというべきか、社内ではちょっとした有名人になっており、また文書の回覧などで各部長の間を走り回っていたため、顔だけは広かったのです。

そうすると、営業の仕事をしていても何かと話が早く、たとえば相手がえらい部長さんでも、私がひょいひょいと近づいていくと、「おぉ、どうした～？」と気軽に話を聞いてもらえて、それで船積みのスケジュールが通ったりすることもありました。ひたむきさがつたわったのか、放っておけないぐらい頼りなく見えたのか、どちらかわかりませんが、書類の送り方などについても、周囲の人たちから温かいアドバイスをたくさんいただきました。

英語の方も、営業担当になってからはかなり鍛えられました。取引先に送る英文の書類は、上司や先輩たちが丁寧に赤ペンで添削してくれましたし、会議に出ると、上司が外国人を相手にプレゼンテーションをする様子を間近に見ることもできました。やがて自分でも英語でプレゼンをするようになると、夕方の英語クラスでネイティブの先生に言い回しを習っておぼえ、プレゼンでうまく言えなかったことは、その日のうちに教室でおさらいをするというふうに実践と学習を繰り返しました。

海外営業の仕事は、時差のある国との連絡が欠かせません。そうなるとどうしても夜遅くまで残業する日が多くなり、アフターファイブを楽しむわけにはいきませんでした。予期せぬ出来事にしばしば直面するのも、この仕事の特徴でした。工場から上がってくる製品の台数が船積み伝票と合わなかったり、送った荷物が途中で行方不明になったりと、ハラハラするような事態が頻発しました。私はそういう火事場が性に合っているのか、トラブルが起きそうになると、「よし」とばかりに燃えました。ゲーム感覚で楽しんでいたのです。

リコーでは、女性であることでいやな思いをしたことはほとんどありませんでした。営業担当になって間もない頃、工場に電話をかけて生産調整をお願いしようとしたところ、向こうの人から「担当者を出してよ」と言われたことがありましたが、上司が電話を代わってくれて「担当は増田弥生です。ちゃんと一人前にやれますから、よろしく頼みます」と口添えしてくれました。

いつだったか、たまたま女性社員ばかりで部屋にいたとき、男性社員が「誰かいる〜？」とドアを開けて入ってきて、私たちの顔を見るなり、「なんだ、誰もいないのか。しょうがないなあ」と言ったこともありました。そのときはさすがに違和感を抱いたので、すかさず「私たち、いまーす！」と大声をあげました。男性もハッとした様子で、結果的に笑い話になりました。リコーに限らず、あの頃の日本企業には、女性社員を戦力外と見なすような雰囲気もまだあったのでしょう。ただ、ちょっとへんだなと思うことはたまにあっても、女性であることで不利だと感じるようなことはなかったような気がします。

ジョイントベンチャーで働く

——日本企業で女性が男性と同じように働けるようになるまでの、ちょうど時代の過渡期だったのでしょう。

そうだったのかもしれません。男女雇用機会均等法が施行されてからは、会社としても女性社員を男性社員と同じようにキャリアアップさせる必要性に迫られたようでした。

当時のリコーでは、大卒の社員は入社後数年たつと関連会社に出向する仕組みとなっていて、私の場合は、海外営業を担当した後、リコーがアメリカの電話会社ＡＴ＆Ｔと合弁でつくったジョイントベンチャーに出向しました。リコー側からの他の出向者は、駐在員経験のある人、留学経験のある人、帰国子女、英文科卒の人など英語に堪能な人たちばかりで、就職後に英語を使い始めた社員は私ひとりだけでした。

このジョイントベンチャーは、ＡＴ＆Ｔが開発したビジネス用電話機を日本で売ることを目的に設立されました。リコーにとっては海外企業との初めての合弁事業、ＡＴ＆Ｔにとっても初めてに近い海外進出だったため、組織は小さかったものの、双方ともかなり気合を入れて取り組んでいました。

私の肩書きはビジネスオペレーション・マネジャーと言って、製品をつくることと売ること以外はすべて担当する、要するに「何でも屋さん」でした。なにしろ人数の少ない会社でしたから、オフィスの賃借に始まり、社員の名刺の発注、定款や取締役規定の作成、労働基準監督署への届け出、登記等々、会社の立ち上げにともなうありとあらゆる仕事をひとりでこなしました。このときも秘書や海外営業担当だった頃のネットワークに助けられました。

また、定款や取締役規定をつくるときは、日本の法律にしたがって、取締役は何人置いて、代表権のある人は何人で、監査役はどうでといったことを、私はＡＴ＆Ｔからの出向者に英語で説明しなくてはなりませんでした。これは相当ハードルの高い仕事で、自分が深く理解していないと、外国人相手に説明できませんから、かなり勉強しました。ビジネスが動き出してからは、取締役会の議事録をつくったり、四半期ごとの決算報告書をつくったりと事務仕事にも追われました。そういう仕事にも日々新たな発見がありました。

このジョイントベンチャーは、リコーにとってもＡＴ＆Ｔにとっても優先度の高い事業だったこともあって、両社の上層部の方たちを間近に見る機会に恵まれました。二〇代半ばの年端もいかない私が同席するのはおそれ多いような交渉の場にも立ち会え、そこで繰り広げられるやりとりを垣間見ることもできました。視点が高く、長期的視野に立ったエグゼクティブ同士の会話を側《そば》で聞けたのは価値ある体験でした。

異文化コミュニケーションの難しさと面白さを知ったことも、貴重な経験でした。ＡＴ＆Ｔはアメリカではほぼ独占的に電話事業を展開してきた会社です。そのため競争に慣れておらず、自社のビジネス用電話機を日本にもってくれれば必ず売れるはずだと高をくくっているようなところがありました。

しかし日本国内では、たくさんの国内メーカーが高性能のビジネス用電話機を先行して生産・販売しており、それらと比べると、AT&Tの製品は日本市場向けという意味では吟味されていないものでした。ですから、何かしら改善しなくては日本のマーケットでは通用しないと私たちは提言し続けたのですが、ライバル社やライバル商品といったものに不慣れなAT&Tの人たちにマーケットの違いや消費行動の違いを理解してもらうのは、英語によるコミュニケーション以上に大変でした。

もともと私は何か疑問を感じると、相手が誰であっても、率直に何でも質問するタイプです。話を聞いて、すぐに賛否の反応をしたりはせず、まず本質的なところに興味の矢印を向けて、「それはどういう意味がありますか」「誰にとってよいことなのですか」などと尋ねます。相手の方にしてみれば、急に違う角度からの質問を受けた気がして戸惑ってしまうかもしれません。しかし、そうやって問題の本質についてお互いに納得しておく方が、長期的に見れば方向性を共有し続けやすく、最良のアプローチも見つけやすくなります。

それと、先ほどの資料スペースの話にもあったように、私には、自分をあまり役割や立場の枠にはめず、大所高所に立って全体を見渡すクセが若い頃からついていたようです。会社に入ってからは、いつも「社長目線」で、会社や組織にとって正しいこと、ビジネスとしてやるべきことを問い続けてきたように思います。最初のうちは、「ヒラ社員の分際で」とか

「分をわきまえない態度だ」と受け取られた方もいたかもしれません。しかし、そういう方にも一緒に仕事をしているうちに私の意図を理解してもらえていたと思いますし、私のものの考え方やものの見方はプラスに働いていたような気がします。

ジョイントベンチャーの社長はリコーから出向していた役員でしたが、あるとき、その人のところに、AT&Tから出向中のアメリカ人がやってきて、私を名指しし、「どうも彼女はうるさくてかなわない」と話したそうです。

社長は私をひそかに呼んで、「君の視点や指摘はいつも本質的だし、おおむね正しいのでとてもよろしい。しかし組織の中でうまく事を進めるには、言うタイミングと相手、そして何を言うかをよく考えるように。それから両社の関係にかかわるようなことは、言う前に必ず僕に相談するように」と諭して下さいました。この社長は後にリコーの副社長になられました。今でも私にとって恩師のような存在です。

ジョイントベンチャーでは、そのほかにもいろいろなことを学びました。まだ治安のあまりよくなかったニューヨークに長期出張し、緊張しながら異文化間ビジネスの現場を踏めたのも懐かしい思い出ですし、たぶん育成目的だったと思いますけれども、部下を数人つけてもらい、初めて人をマネジメントする立場にもつきました。もっとも私の部下マネジメントは、今からでも土下座して謝りたいぐらい稚拙なものだったと思っています。個々の可能性を引き出すコーチングではなく、もっぱら教え込むティーチング方式で「これはああして、あれはこうして」と指示ばかり出していたのではなかったかと反省しています。

父が教えてくれたこと

――「枠にはまらない」ご自身の性格は、何に由来するとお考えですか。

若いときはあまり意識していませんでしたが、今になって振り返ると、父の影響が大きかったように思います。

私の父は増田家の長男で、家を継ぐ立場にありながら、昭和三〇年代に結婚するとき、母に「苗字はどっちでもかまわない」と言ったそうです。上に兄姉のいる母はそう言われてびっくりしたと話しています。

そんな父ですから、「女の子だからこうしなさい」とか「何歳になったのだからこうしなさい」などと私を枠にはめるようなことは一切言いませんでした。女の子だからといってピンク色の服を着せられることもありませんでしたし、幼稚園に入って同じ年頃の女の子と遊ぶようになるまでは、お人形さんで遊んだこともありませんでした。私はどちらかというと、積み木とか、古い時計を分解して壊したりして遊ぶのが好きな子どもでした。

父から学んだのは、「嘘をつかない」「人を傷つけない」「誰に対しても態度を変えず、正直で裏表のない人間になる」といったことでした。それから、何をしてもいい代わりに、自分は何をしたいのか、それはどうしてなのかを考えなさいと事あるごとに言われました。

たとえば小学校でプラスティック製の筆箱が流行《はや》ったときのことです。私が「買ってほしい」とねだると、父は「どうして？　今持っているのでいいじゃないか」と言いました。「だって、みんなプラスティックのを持ってるから」と私が粘ったぐらいでは、父は許してくれませんでした。「みんなって誰？」「筆箱の役割って何？」「新しいのを買ったら、古い筆箱はどうするの？」などと次々に質問を繰り出して、私を考え込ませました。おもちゃを買うときも、服を買うときも同じでした。父は「なぜ」と聞くことによって、私が自分で考えて自分自身の答えを出すクセをつけてくれました。

小学校を出ると、私は中高一貫の私立校に進みました。その学校は自由と責任を重んじる校風で、服装は自由、パーマもお化粧もOKでした。ものすごく短いミニスカートをはいて登校しても、学校からは何の注意もありませんでした（父は黙って見ていましたが、さすがに母はちょっと心配していました）。また、その学校では成績のよしあしで生徒のすべてを判断することもなく、行儀が悪ければしかられましたが、それによって居心地が悪くなることもありませんでした。そこでの六年間で、私は自分の枠にはまらないものの見方や、「なんでもあり」の在り方でいいんだと確信を抱いたように思います。

私が高校三年生のとき、父は「大学には行っても行かなくてもいい」と言いました。私が「行きたい」と言うと、例によって「なぜ行きたいの」と聞かれました。私は「大学生になって、毎日楽しく遊んで過ごしたいし、大卒の方がその後の可能性が広がりそうだから」と正直な気持ちを伝えました。父は理由そのものにはふれず、「わかった」と言って進学を許してくれました。何が正解ということではなく、その場その場で自分のこだわりを意識して判断するクセ、またそれらを言語化して周囲の理解を求めるクセは、このようにして身についていったのかもしれません。

父は、私が就職するときも、「何をしなさい」とか「どの会社に行け」といったことは一切口にしませんでした。ただ、ミーハー気分でOLライフを楽しもうとしていた私に対し、「人間、いつ何があるかわからないから、自分の食い扶持だけは自分で稼げるように一人前になりなさい。働くとは『傍《はた》を楽にすること』だ。お給料をもらうのだから、ちゃんと働いて人の役に立つ人になりなさい」とだけアドバイスしてくれました。

私が、リコーに入社したとき、一人前になって自分の力で食べていけるようになりたいと思っていたのは、このときの父の言葉が耳に残っていたからです。そして、若いときからわりあい大所高所に立った見方ができたり、自分を枠にはめず、「社長目線」で物事が見られるようになっていたのは、幼い頃から父が「物事を本質的に見ようとするクセ」と「自分の思いを言語化するクセ」、つまりはリーダーシップの「筋肉」のベースをつけてくれたことと関係があるのではないかと思うのです。

後に私は、アメリカで五本の指に入るようなプロのコーチからコーチングを受ける機会を得ました。しかし、いまだに父を超えるコーチとは出会ったことがありません。

人材マネジメントの重要性に目覚める

——ジョイントベンチャーの事業はその後どうなったのですか。

残念ながらリコーとＡＴ＆Ｔのジョイントベンチャーはうまくいきませんでした。理由はいろいろあったのでしょうけれども、数年で事業から撤退し、会社をたたむことになりました。

このときの経験は私の宝となりました。リコーからは私ひとりが最後まで残って清算人となり、弁護士さんと一緒に会社の清算業務までをやりおおせたからです。大きな会社に属していると、事業の立ち上げから幕引きまでのすべてにかかわるというのは滅多にできない経験です。給与をいただきながら、勉強をさせてもらったようなものでした。

ジョイントベンチャーの清算に携わりながら、私はこの事業が失敗した要因について考えました。商品、マーケット、ビジネスプロセス、組織のあり方など、要因はいろいろあったと思います。その中で私が一つ思ったのは人材マネジメントの側面でした。ジョイントベンチャーの社員は、私を含めてすべてリコー・AT&T双方からの出向者でしたが、こうした人事は果たして人材育成や組織全体の成長に配慮したものだったのだろうかと疑問がわいてきたのです。

会社は出向者のその後のキャリアプランをどう立てていたのだろうか。出向者はジョイントベンチャーでどんな経験を積み、どんな知識やスキルを身につけて、本社に帰ってくればよかったのか。そういう「人の動かし方・生かし方」を会社は考慮したのだろうか。もしかしたら、ビジネスに向けるエネルギーに比べて、人材育成や組織能力の拡大に向けるエネルギーは少なかったのではないだろうか。そんなことも考えました。

清算業務のかたわら、私は本社の若手ばかりでオランダに新たなジョイントベンチャーを設立するプロジェクトにかかわったりしました。それはそれでやりがいのあるおもしろい仕事でしたが、人材や組織といったものへの漠然とした興味は膨らむ一方でした。そこで思いきって、人事本部への異動を希望しました。

会社は私の希望に面食らったかもしれません。多くの大企業と同様、リコーの人事本部は巨大な組織で、採用・給与・総務・労務・教育などの部署に分かれており、人事畑ひと筋の人たちがそれら各部署をローテーションして働いていました。入社以来何年もビジネスの現場で働いてきた社員を受け入れやすい状況ではなかったと思います。

しかし、何度か会社側と話した結果、私は人事本部の中で駐在員向けの教育を担当する部署に異動することになりました。この部署でなら、海外本部やジョイントベンチャーで培ってきた異文化コミュニケーションの力が多少なりとも生かされるだろうと判断しての措置だったのかもしれません。

とはいうものの、異動早々、私は場違いな所に来てしまったのかもしれないと思い始めました。自分で希望しておきながら勝手なものですが、人事本部の雰囲気は私には妙に堅苦しく感じられ、話を聞いてきてもわからないことだらけでした。

ヘッドハンティング、そして

――転職のきっかけは何だったのでしょうか。

人事本部に移って半年ぐらいたった頃、ヘッドハンターの接触を受けました。このときは、またしても私のおっちょこちょいな性格が出てしまいました。

駐在員向けの教育の仕事をしていると、その関係の研修を請け負う会社とお付き合いすることになります。その種の会社はだいたい社名がカタカナで、一見ちょっと得体が知れないというか、名前を聞いただけでは、何をやっているのかわからないような名前の会社が多いのです。

あるとき、いかにもそういった感じのカタカナ社名を名乗る人から、電話がかかってきて、「ぜひお会いしたい」と言われました。たぶんまた教育関係の会社からだろうなと思った私は、リコーの本社まで来てくれるようにお願いしました。

ところが、いざお会いしてみたところ、話がどうもかみあわないのです。こちらは研修の提案か何かだろうと思って聞いているのですが、向こうはいきなりリーバイ・ストラウス社（リーバイス）の話を始め、どういう会社で、どういう人材を求めているかといったことを説明し始めました。私のキャリアについてもよくご存じのようでした。

おかしいなと途中で気がついて、「ひょっとしてヘッドハンターの方ですか」と聞くと、「そうです」と言われ、私は「うわっ！」と声を上げそうになりました。カタカナの社名だから、てっきり教育の会社だろうと勘違いして、私はヘッドハンターをリコーの応接室に招き入れてしまっていたのです。

それはともかく、その時点で私に転職の意思はまったくありませんでしたし、ヘッドハンティングなどということがわが身に起こるとは夢にも思っていませんでした。ですからヘッドハンターにはそのままお引き取り願ってもよかったのですが、そうしませんでした。というのも、リーバイスと聞いて私には思い出すことがあったのです。

リーバイスは当時すでに多様性（ダイバーシティ）の容認という観点から、HIV及びエイズについての啓発・教育活動に熱心に取り組んでおり、その試みが注目されていました。そのことを私はどこかで聞いておぼえていて、せっかくのご縁だから、リーバイスの話を聞かせてもらって、リコーでの駐在員教育の参考にさせてもらえないだろうかと考えたのです。

ずうずうしくも私はヘッドハンターに「転職するつもりはありませんが、リーバイスの人にお会いして、HIV・エイズ関連の社内教育について、お話を聞かせていただくことはできませんか」と頼み込みました。ヘッドハンターは親切にも先方に話をつないでくれ、私はリーバイス日本法人（リーバイ・ストラウスジャパン）のオフィスに出向くこととなりました。

当日、対応してくれたのは、出張で来日していたアジア太平洋地域本社の人事担当部門長（バイスプレジデント）でした。とても親切な人で、私が知りたかったＨＩＶ・エイズの社内教育について詳しく教えてくれました。

その話がひと通り終わると、彼女は「それで、あなた、リーバイスに来たいんでしょ？私たちは組織開発の仕事ができる人材を探しているのだけど」と言いました。

私には転職の意思はなかったのに、ヘッドハンターはそのことは先方によく伝えていなかったようでした。それに「組織開発」と言われても、私には何のことやらさっぱりわからなかったので、「いえいえ、とても無理です。私は人事の仕事についてほとんど何も知りませんから。組織開発なんてとてもできません」と言って断ろうとしました。

ところが彼女はきっぱりと言い放ったのです。「私たちが探しているのは、人事に詳しい人ではなくて、ビジネスを理解していて、なおかつ異文化間ビジネスの経験がある人です。組織開発に携わる人材には、人事の経験より、ビジネス現場での経験があるかどうかの方が大事なのです」

彼女によると、リーバイスでは世界的に組織開発を進めたいと考えており、各国で人材を求めているとのことでした。組織開発はアジアではまだ根づいていない手法なので、その専門家を自社で育てるとも語っていました。

人事に詳しくなくてもいい……。専門家を育てる……。彼女の言葉に私はとてもびっくりし、心を揺さぶられました。いえ、あのときは、リーバイスの人事部門の真の先進性について私はまだ何ひとつ知りませんでした。少しでも知っていたら、どこの馬の骨かわからないような私が探し出され、ヘッドハンティングされたこと自体にもっと驚いていたはずです。

正直に告白すると、私は今でこそ、「リーダーシップを発揮するうえでは組織の中でイニシャティブをとることが大事」などとえらそうに説いていますけれども、こと自分のキャリアに関してはイニシャティブをしっかりとってきたとは言えません。このときも、リーバイスからのヘッドハンティングがあってから、おもむろに転職を考え始めました。

リコーという会社に特に不満を抱いていたわけではありません。ただ、自分の立場にどこかしっくりこないものを感じてはいました。いつの間にか私は、同期の中で比較的昇進の早いグループにいました。でも、えらくなりたいと思ったことはなく、自分が人並みはずれて仕事ができる社員だとも思っていませんでした。

「女性初の海外営業担当」「女性初の生え抜き管理職」などと性別を強調されることにも違和感がありました。それを理由にビジネス雑誌の取材に引っぱり出されたことも二、三回あり、そうなると、自分の能力で評価されているというより、女性の登用を宣伝するための広報ツール、「人寄せパンダ」のように扱われている気がしてきて、どうもしっくりきませんでした。

リーバイスへの転職話が舞い込んできたのは、ちょうどそんな時期だったのです。私はまだリーバイスがどういう会社なのかよく理解していませんでしたが、子どもの頃からジーンズが大好きだった私の目には、あちらの社員みんながジーンズにTシャツ姿で働いている姿は格好よく、楽しそうに映りました。リーバイスの日本法人のオフィスはすでに全面禁煙でしたから、その点でも進んでいる会社だなあと感心しました。

リーバイスの本社がサンフランシスコにあることも大きな魅力でした。前のジョイントベンチャーの仕事では、アメリカ出張といえば行き先はAT&Tの本社があるニュージャージーかニューヨークで、暑かったか寒かったかぐらいの記憶しかありませんでした。しかし一度だけ、サンフランシスコで会議が開かれたことがあり、そのときの印象がすばらしかったのです。気候はいいし、街並みはすてきだし、食べ物はおいしいし、私はAT&Tの人に対して、「もしこの街で働ける機会があったら、私、何でもやります！」と言ったほどでした。リーバイスの人から「うちに来たら、最初の一年間はいろいろ勉強してもらいたいので、サンフランシスコの本社にはしょっちゅう出張してもらいます」と言われただけで、私はワクワクする気持ちを抑えきれなくなりました。

もちろん仕事の中身についても好奇心はかき立てられました。それまで日本企業にいて外国人を相手にビジネスをしてきた自分が、今度は外国人の立場になって、あちら側の人たちと一緒に働いたらどうなるのだろうか、私を温かく見守ってくれたリコーを離れて、素手で勝負したらどこまでいけるのか。そんな興味もふつふつとわいてきました。

転職するかどうかについては、リコーの信頼できる上司何人かに相談しました。そのときはもう半分以上行く気になっている私の気持ちが出ていたのか、どなたも応援して下さり、止める人はいませんでした。

そして私は一〇年間勤めたリコーを去りました。けれども、その段階では私はリーバイスの日本法人に転職しただけであって、自分がグローバル企業に籍を置くようになったとはいえ、グローバルなスケールで働くようになるとは想像もしていませんでした。

◎本章のまとめ（金井）

人生を自然体で屈託なく歩んでいるように見える増田さんだが、節目での選択は真摯《しんし》であり、その行動には自分ならではのこだわりや基準、原理原則が読み取れる。就職先を選ぶにあたり、三つの条件を明確に意識し、その第一番は会社所在地だったという点は興味深い。ビジネスのわかりやすさに、「論理的に」ではなく「感覚的に」という基準を設定したという点も、頑張り屋さんの女性なら第一条件にもってきてもおかしくない処遇面での条件が三番目である点も、ともに面白い。

リコーに採用された増田さんは、雑用仕事にもくさらず、新聞記事の切り抜きではさっそく自分なりの工夫を始める。その仕事に意味を見出《みいだ》し、三カ月後には「月報」を出し、やがて「資料スペース」をつくるに至る。これは自らのイニシャティブに基づいて行動し、社内に新たな動きを生み出し、そこから何かが変わったという経験、リーダーシップへの入門である。

「リーダーシップは役職や肩書きがないと発揮できないものではありません」という言葉は

値千金だ。肩書きがないとリーダーシップはとれないと思っている人、あるいは肩書きがあってもリーダーシップはとったことがない人に、この言葉を贈りたい。

実際のところ、部長や課長といった肩書き、肩書きゆえの予算権や人事権によって、部下がその上司の言うことを聞いているとしたら、それは純粋なリーダーシップではない。組織の仕組みや管理システムがあるために、フォーマルな階層で上位の人の言う通りに部下が動いても、それは（服従とまでは言わないまでも）管理（マネジメント）である。リーダーシップは、リーダーが描く絵に向かってフォロワーが喜んでついていくことによって生まれる。増田さんがつくった「月報」や「資料スペース」を彼女の上司が喜んで利用していたとしたら、その場合のリーダーは増田さんであり、上司はフォロワーなのだ。

続いて海外本部長秘書に抜擢された増田さんは、秘書に向いていないと自分で悟り、そのことを箇条書きにしてしたためる。これは節目における内省（リフレクション）、リフレクションをアクションに結びつける実行例と言える。

読者のみなさんには、増田さんが内省と気持ちの言語化を通じて、おおまかな次の方向を自ら選んだことに注目してほしい。自分に向いていることについて内省をめぐらすのは比較的簡単だが、不向きなことについて内省するのはそうたやすくはない。そうした内省をへて汝《なんじ》自身を知ること、自己認識することが、増田さんの場合、自身のリーダーシップへとうまくつながっている。

キャリアは節目では自らデザインした方がいいと私は思っているが、ずっとそのようなことができるとは限らない。流れに身を任せつつ、気がつくと流れの勢いに乗っているというようなキャリアの進展の仕方がある。だが、次に行きたい土俵は、おおまかには自分で選択しないといけない。すべてがなりゆき任せなら、文字通り流されるだけになってしまう（1、巻末の「注釈」を参照。以下同様）。

増田さんは自ら探し求めるものはしっかり求めつつ、そのキャリアの展開にはしなやかさを見せる。J・クランボルツの言う「計画された偶然性」、神戸大学MBA金井ゼミで言う「行き当たりばっちり」（OB石垣正憲さんの造語）が生かされている。

海外営業を担当した後、増田さんはリコーとAT&Tのジョイントベンチャーにかかわった。ゼロからの事業の立ち上げは、「仕事で一皮むける経験」の代表格であり、「リーダーシップの学校」でもある。なぜならそこでは、上位者だからといって解決できるとは限らない問題が発生したり、社内外の抵抗勢力が現れたりしやすいからだ。それゆえ、絵を描く、できつつあるネットワークをうまく使う、新しく人を巻き込む、交渉力を学ぶ、自分の頭で考えるといった多様な教訓がもたらされる。増田さんはこの経験を通じてビジネスの全貌にもふれることとなる。

この時期の回想で私が最も注目したいのは次の箇所である。

「もともと私は何か疑問を感じると、相手が誰であっても、率直に何でも質問するタイプです。（中略）私には、自分をあまり役割や立場の枠にはめず、大所高所に立って全体を見渡すクセが若い頃からついていたようです。会社に入ってからは、いつも『社長目線』で、会社や組織にとって正しいこと、ビジネスとしてやるべきことを問い続けてきたように思います」

この言葉に続いて父親からの影響が語られる。「嘘をつかない」「人を傷つけない」「誰に対しても態度を変えず、正直で裏表のない人間になる」など父親から学んだ原理原則は、増田さんの今の生き方にも表れているし、そのリーダーシップの在り方にも貫かれている。

企業におけるリーダーシップ育成の研究には、管理職になって以降の時期にのみ注意を向けすぎだという問題と、仕事の世界に入る前の経験や薫陶を軽視しているという問題がある。その意味でも、「いまだに父を超えるコーチとは出会ったことがありません」と、生来のコーチの達人（ネイティブコーチと呼ぶ）のような父親の存在に言及する一文は十分に目立つ。

ＡＴ＆Ｔとのジョイントベンチャーは残念ながら失敗に終わるが、増田さんはその節目でも「事業が失敗した要因」を内省し、ビジネスに向けるエネルギーと同等もしくはそれ以上に人材育成にエネルギーを向ける必要があったのではないかと認識するようになる。そこからＨＲへの関心を高めていくのだが、だとしたら、ＨＲへの関心そのものが彼女の内面からわき起こったリーダーシップだったと考えられなくもない。

希望して異動した人事本部の雰囲気に増田さんはなじめなかった。リーバイスへの転職話が舞い込んできたのはそんなときだった。人事に詳しい人でなく、ビジネスのわかる人にこそ、組織開発のプロになってほしいというリーバイス側の申し出は理想に近い、理にもかなっている。増田さんは「自分のキャリアに関してはイニシャティブをしっかりとってきたとは言えません」とひかえめに話すが、自分で支配しすぎないことも大事なのがキャリアの機微だ。キャリアがうまく回っている状態を僥倖《ぎようこう》と言わなければ、ほぼその別名であるシンクロニシティだと私には思えてしまう。シンクロニシティとは、因果関係で説明するのは難しいけれども、同じときに、興味ある出来事が相互に符合する形で現れることを言う〔2〕。

自社で専門家を育てると言うリーバイス幹部の自信に満ちた声によって、増田さんは、偶然出会った相手に手を引っ張られるように節目における決断をする。

第三章　どこでも通用するプロになる
——転身、専門性を磨いた時代

HR先進企業

——転職された当時、リーバイスはどのような状況だったのですか。

まず時代状況についてお話ししておきましょう。

一九九〇年代初頭、マイケル・ハマーとジェイムズ・チャンピーの『Reengineering the Corporation』〔3〕がベストセラーとなり、アメリカではさまざまな企業が、既存の組織やサプライチェーンの抜本的な見直し、いわゆるビジネスプロセス・リエンジニアリング（BPR）に取り組んでいました。

リーバイスもBPRに熱心な企業の一つでした。特徴的だったのは、BPRに「人の心」を取り入れようとしていたことです。ビジネスプロセスを変えると同時に、社員のマインドをどう変えていくかということを重視していました。

ＢＰＲは業務プロセスを再構築する方法として大流行しましたが、「人」を見ないで実践しようとした企業は失敗したと言われています。仕事のやり方が変わるとき、社員には心の準備や、場合によっては新たなスキルセットが必要で、そこが抜け落ちてしまうと、いくら経営陣が変革を推し進めようとしても、人心が離れていってしまうからです。

そこで注目されたのが、チェンジマネジメントという手法でした。ＢＰＲを進めつつ、一人ひとりの社員が、会社がやろうとしている変革に対してうまく準備を整えられるように、社員の能力や資質や性格を分析するとか、コーチングやキャリアカウンセリングによって支援するといった手立てが講じられました。リーバイスではチェンジマネジメントを組織開発(Organization Development：ＯＤ)の枠組みでとらえ、組織の中にいる人たちが仲間を信頼し、いきいきと働けて、よりよい結果を出せるようなマインドセットを生み出そうとしていました。

また、この頃のアメリカ企業では人事部門が転換期を迎えていました。それまで「パーソネル・アドミニストレーション（人事管理）」と呼ばれていた部門を、「ヒューマンリソース(Human Resource：ＨＲ)」と呼び換える企業が出てきて、人材開発や人材育成に戦略的な投資をしたり、ＨＲ部門に組織変革の主導的機能をもたせるようになりました。ひと言で言えば、「ＨＲ花形時代」が到来しつつあったのです。

リーバイスはその点でも非常に進んでいた企業で、人材開発・組織開発を全世界で同時に実施しようとしていました。しかもそれを本社のアメリカ人たちが取り仕切るのではなくて、ヨーロッパではヨーロッパの人たちが、アジアではアジアの人たちが自ら実施できる体制を整えようとしていました。当然、組織開発の担当者はビジネスプロセスがわかっていないと務まりませんので、ビジネス経験、できれば異文化間ビジネスの経験があって、なおかつＨＲ部門で働ける人材を探していました。私はその網の目に引っ掛かったのだと思います。

しかし当時は今と違って、日本では組織開発という言葉すらまったくといっていいほど知られていませんでした。転職後の私の肩書きは、一応、リーバイス日本法人の「組織開発部長」となりましたが、組織開発とは一体何なのか、自分でもわかっていませんでしたし、知り合いに聞いても誰も知りませんでした。

ちなみに、リーバイスがそれ以前からいかに家族的雰囲気を大切にし、社員を人として尊重する風土をもっていたかについては、創業者の子孫で会長兼ＣＥＯを務めたボブ（ロバート）・ハースが、一九七〇年代後半に書かれた本のインタビューで早くも次のように語っていることからもうかがえます。
「現在、この会社は非常に多くの部門に分かれていますが、その一つ一つが、十年、十五年前のこの会社と同じ大きさか、それ以上に大きくなっています。幸い、それらを率いているのは、昔のあの家族的な社風を知っている人たちです。彼らのほとんどがそれを受け継いでいますから、おそらく、そのことが母胎となって、さらに広く浸透していくかもしれません。将来、この『家族的な』雰囲気を維持し、よりよい環境作りをしていく責任は、各事業部の長や、地区営業部長や、さらに各部の部長——それらはすべて小さな組織体になっている——の肩にかかってくるでしょう。（中略）もっともっと、これらの幹部たちにやる気を起こさせるような体制をつくらなくてはなりません」〔4〕
もちろんリーバイスは、社員が働きがいを感じられる職場づくりを幹部社員たちに任せきりにしたわけではなく、一九七七年には異例のそして当時のアメリカ企業としては最大規模の株式の分配を社員に対して行い、全社を挙げて社員たちの労に報いたという歴史ももっています。

行動・実践に向けての勉強

——実際、リーバイスで働くようになってからはいかがでしたか。

とにかく毎日が刺激的で楽しくて仕方ありませんでした。前述したように、リーバイス側からは「最初の一年であなたを徹底的に教育するので、サンフランシスコの本社には頻繁に来てもらいます」と言われ、その通りの生活が始まりました。

教育の進め方は、初めにリーバイスの本社がやっているリーダー育成プログラムや、会社の価値観を浸透させるプログラムを社員たちと一緒に受け、次にトレーナーを育成するプログラムに参加し、それから先輩トレーナーに付いて社員向けプログラムの実地を踏んで、それが終わるとトレーナーとしてひとり立ちという流れでした。

一五〇年以上の歴史をもつリーバイスは、「価値観の経営」で知られています。一九八〇年代の後半、前出のボブ・ハース会長兼CEOが、経営陣とすべての社員が共有すべき価値観の定義に取り組み、議論に議論を重ねた末、「アスピレーション・ステートメント」をまとめました。中身を和訳すると以下のようになります。

〈われわれは、社員たちが誇りをもって仕事に専念できるような会社を目指します。それは、派閥や学歴に関係なく、誰もがその能力に応じて貢献し、学習し、成長し、昇進するチャンスが保証されている会社です。

われわれは、社員たちが例外なく個人として尊重され、公平に処遇され、その意見に耳が傾けられ、一緒に参加し、貢献しているという意識を抱けることを願っています。そして何よりも、達成感、友情、ワークライフバランスによって満足感を得、また努力することの喜びを見出せることを望んでいます。

リーバイ・ストラウスの将来は、われわれが受け継いだものの上に築かれるべきです。そのすばらしい伝統を守り、原則と現実の間にギャップがあればそれを埋め、われわれが生み出す価値を時代にふさわしいものにするために、たえず革新することが必要です〉〔5〕

私が受けた各種のプログラムは、このアスピレーション・ステートメントが示す価値観に基づいてリーバイスが自社でつくったものばかりでした。当時のリーバイスでは、たとえばリーダーシップならJ・クーゼスとB・ポスナー、チェンジマネジメントだったらウィリアム・ブリッジズといった第一線の専門家の協力を仰ぎ、リーバイスの歴史や企業理念や価値観にそうようにカスタマイズされたプログラムをつくって、世界中の社員を対象に実施していました。

プログラムを実施する際には、社内のトレーナー（インターナルファカルティと呼んでいました）、社外の専門家（エクスターナルファカルティ）のほか、本社の経営陣からも誰かが必ず加わり、シニアマネジメント・ファカルティと呼ばれていました。彼ら彼女らはリーバイスの価値観を体現するロールモデルとして、私たち参加者のどんな質問にも答えてくれました。

プログラムには体験学習がふんだんに盛り込まれており、そのこともとても新鮮に感じられました。体験学習では、自然に囲まれた中でゲームをしたり、実際に自分が行動して気づくようなエクササイズをした後で、振り返りのミーティングが開かれ、参加者が対話を通じて、それぞれ何を思ったのか、どう感じたのかを語り合いました。そうすると、自分の気づきや学びだけでなく、他の参加者の意見を通じた気づきや学びが得られ、学習内容についての納得感も増しました。

また、そのような体験学習は、参加者が気づきや学びを得られるようにあらかじめ緻密《ちみつ》につくり込んであり（これをインストラクショナル・デザインと言います）、トレーナー（ファカルティ）の巧みなファシリテーションによって成り立っていました。そのことも私は種明かしされるまで知りませんでしたし、そう聞いても驚くばかりでした。

サンフランシスコで開かれるいろいろなプログラムに参加してみて、私はグローバルとはこういうことかと目が開かれる思いでした。

リコーにいたとき私は海外本部に所属し、輸出の仕事にもかかわっていました。周りには英語がペラペラで国際的と言われる人たちも多くいました。しかし「海外」とか「輸出」とか「国際的」ということと、「グローバル」ということは、どうも違うようだとリーバイスに行ってから気づきました。

私がサンフランシスコでリーダーシップのプログラムに初めて出たとき、参加者の八割方はアメリカ人でしたが、それでも周りを見渡すと、ヨーロッパから来ている人がいて、フィリピン人がいて、ブラジル人がいて、カナダ人がいました。私は地球が一瞬にしてギュッと小さくなったような感覚をおぼえました。

リコーでジョイントベンチャーの仕事をしていたとき、私たちがアメリカに出張すると、AT&Tの人たちは「ようこそ、遠くからよく来たね」と両手を上げて大歓迎してくれたものでしたが、リーバイスでは、私が「日本から来ました」と言っても誰も驚かず、みんな「ふーん、そう」とアメリカ国内の別の州から来たかのように受け止めていました。そして、その日会ったばかりのさまざまな国の人たちが、国籍や言語や役職の壁などまるで意識せずに会話し始め、議論し、同じリーバイスの社員同士として学び合っていました。これが「国際的」と「グローバル」の違いなのです。

英語での苦労は続きました。むしろ英語の壁は、日本にいるときより高くなったように感じられました。それまで私が仕事で英語を使うときは、事前に知らされているテーマや議題について話すことが大半でしたけれども、リーバイスに行ってからは、組織開発やチェンジマネジメントやリーダーシップといった自分にとってはまだわけのわからないことについて、いきなり英語で聞き、話さなくてはなりませんでした。

そのうえプログラムは、日本の学校の授業のように先生の話を生徒が黙って聞く方式ではなく、参加者四、五人が丸テーブルについて話し合いながら進めるスタイルでした。そうすると、部屋中のあちこちから意見が飛び交い、しかも参加者それぞれが独特のなまりのある英語で話すため、ちょっとでも油断しているとまったく聞き取れませんでした。いくらか英語ができるようになっていると思い込んでいた私は途方に暮れました。

このようにリーバイスに入って最初の一年ぐらいは、ひたすら新しいことをたくさん学んで少しだけ実践するという日々が続きました。自分で何か成果を出した実感はほとんどありません。日本法人の中で一度、社員の意識調査をした程度でした。

あとはアメリカ各地で開かれるリーダーシップ開発、組織開発、人材開発のプログラムに通い、人の話を聞いて、クーゼスとポスナーの本〔6〕やブリッジズの本〔7〕、そのほか優秀な先輩たちから勧められたり、会社から与えられた組織開発関連の原書を読みふけっていました。英語の本をあんなに一生懸命読んだのは、後にも先にもあの時期だけでした。

本社へ

――どのようにして、深い専門性を身につけていかれたのですか。

私はリーバイスに計一〇年間いたのですが、その間に身につけたスキルは、ファシリテーション、コーチング、コンサルティング、コンピテンシー開発、三六〇度フィードバックアセスメント、研修デザイン、チーム開発、ミーティングデザイン、パフォーマンスマネジメント等々、組織開発や人材開発のプロフェッショナルが身につけるべきスキルのすべてでした。今の私があるのはリーバイスのおかげと言っても過言ではありません。

先日もアメリカで、今はリーバイスを巣立って他の企業の重役や売れっ子のコンサルタントになっている仲間たちと食事しながら話したのですが、あの頃のリーバイスは本当に社員に投資して育てていた、私たちが今も第一線で働けているのはリーバイスのおかげだと、みんな口をそろえて言っていました。

社内における組織開発の専門家としてなんとかひとり立ちした後の私は、日本国内で組織開発の仕事に携わりながら、ときどきはシンガポールにも出張し、アジア太平洋地域の社員を集めた研修やセッションのファシリテーションを務めるようになりました。

といっても、当初の私のファシリテーションは本当に拙《つたな》いものでした。ファシリテーションは、上手な人がやると、その場にファシリテーターが存在しているのかどうかがわからないくらい、人々の議論がスムーズに進行し、出るべき意見がもれなく出てきますが、私がやろうとすると、議論はぎくしゃくするわ、言ってほしい意見はまったく出てこないわで、しばしば私自身がパニックに陥りそうになりました。

リーバイスで働くようになっておよそ二年がたった頃、あるニュースが私の耳に伝わってきました。本社が組織体制をよりグローバル化した形に改め、併せて新体制のポストを社内公募で決めるというのです。

ここで寄り道して説明を加えておきますと、一般的にグローバル企業は三層の構造で成り立っています。一番上は「本社機能」で、リーバイスであれば、グローバルつまり地球全体のリーバイスを見ます。二番目は「リージョン機能」と言って、地球を三つぐらいの地域、たとえば南北アメリカ、ヨーロッパ・アフリカ、アジア太平洋というふうにざっくり分け、それぞれの地域を統括します。私がいた頃のリーバイスのアジア太平洋地域のリージョン機能は、拠点をシンガポールに置いていました。三番目は「カントリー機能」で、各国のリーバイスがこれに当たります。私が採用されたリーバイ・ストラウスジャパンもカントリー機能です。ついでに付け加えておくと、企業によっては日本法人を単独でリージョン扱いするところもあります。

このときのリーバイスの体制の見直しは、組織がよりグローバルに動けるようにと企図されたものでした。それまでサンフランシスコの本社でグローバルとアメリカを両方見ていたのを、本社からアメリカを切り離し、本社はあくまでもグローバルを見るように改める、それにともなって、本社のポストに就く人材を広く募集するということでした。

この話を聞くと、私の中ではなんだか面白そうだなといつもの好奇心がわき上がってきました。目の前ですごいことが起きている、こんな機会はおそらく一生に一度しかない、だったら、この滅多にないプロセスに参加してみたい、不遜《ふそん》にもそんな気持ちになりました。

目当てのポストもありました。グローバルリーダーシップ開発を担当するシニアコンサルタントというポストで、地球全体のリーバイスの中から次世代リーダー候補を発掘・育成する仕事です。

それまで私はまがりなりにも組織開発にかかわってきて、組織や風土を変えるのは、詰まるところ、組織の長のリーダーシップではないかと考えるようになっていました。企業による独自のリーダーシップ開発の試みとしては、ゼネラル・エレクトリック（GE）のクロートンビル研修所やモトローラのモトローラ・ユニバーシティがすでにアメリカでは有名でしたが、ひょっとしたらリーバイスでもそれに近いことができるのかもしれないと組織体制見直しの話を聞いて感じました。となると、このポストがとても魅力的に見えてきて、とにかく受けてみよう、応募書類を出してみようという気になりました。受かるかどうかではなく、人材募集のプロセスそのものに興味を抱き、それを経験してみたくなったのです。

すると、なんと書類選考に通ってしまいました。結果に驚いている私のもとに、本社の人事担当者から、次は電話でインタビューをするという知らせが入り、あらかじめ日時が指定されました。

その日は、時差の都合上、朝の五時頃にサンフランシスコから電話がかかってきました。何を聞かれたかは忘れましたけれども、思わずこちらがうっとりするほど洗練されたインタビューで、やっぱり本社の採用担当者はたいしたものだなあと感心したことは覚えています。難しい質問も多かったので、自分としては、プロのワザを体感する機会も得られたことだし、これで終わったとすっきりした気分でした。

ところが後日、「サンフランシスコにパネルインタビュー（面接）に来るように」とまた連絡が来たのです。私は信じられない気持ちでした。

サンフランシスコでは二回面接を受けたと記憶しています。どちらも本社の経営トップクラスが面接官でした。

一回目の面接では、「現存する組織開発理論のうち、あなたがよく使うものを三つ、要約して説明し、過去一年間にあなたがそれらの理論を当てはめて実現した組織開発の実例を具体的に述べなさい」と言われました。

思わず笑ってしまうぐらいの難しい質問だったので、私は目を丸くして、しばし沈黙した後、まず「すみません」と謝罪し、「私は組織開発の本をまだ二冊しか読んでおらず、理論を要約できるほど理解もしていません」とありのままを述べました。そして「私が自分でやったと言える仕事は、日本の社員の意識調査だけですので、その結果と、結果を受けて私が取り組んだ施策についてはお話しできます」と言い、それについて話しました。その後もいくつかやりとりは続き、難しい質問には、「答えられません」と言い続けました。途中から私は、これは絶対に合格は無理だと確信し、すっかりリラックスしてしまいましたので、笑いのあふれる楽しい面接になりました。

ホテルに戻り、われながらメタメタだったけど、いい経験ができてよかったと思っていると、電話がかかってきて「二回目の面接に来てほしい」と言われました。私はもうあきらめていましたので、二回目の面接でも、わからないことはわからない、答えられないことは答えられないと、同じことを繰り返しました。ただ、それだけだとまずいので、面接官から質問された内容によっては、「その質問にはうまく答えられないけれども、こういう話ならできます」と話題を変え、何か自分にも話せることを懸命にしゃべりました。私なりに考えるグローバルな人材育成についても、夢のようなことを語りました。とはいうものの、そんな苦しまぎれの答えが通用するとも思っていませんでしたので、「今度こそ終わった、絶対に落ちた」と、吹っ切れた気持ちですがすがしくサンフランシスコを後にしました。

しばらくして、仕事でシンガポールにいた私が会議に出ていると、秘書の人が「ヤヨイ、本社から電話が入っているよ」と呼びにきました。面接のことなどきれいさっぱり忘れていた私が受話器をとると、ひとこと「You've got a job.」という声が聞こえました。

「はぁ～?」と私が聞き返すと、電話の向こうの人は「あれ、君はこの仕事をしたがっていたんじゃなかったっけ?」と笑っていました。「おめでとう。受かったんだよ」。そう言われてようやく、面接に合格してしまったのだとわかりました。

ベストチーム

――本社のポストを得られたのは、ご自身のどんなところが評価されたからだと思っていますか。

リーバイスで私は、現地採用された後に本社で働くようになった初めての日本人でした。そもそも私が本社の職種にゲーム感覚で応募してきたオメデタイ人間だったということもあるのでしょうが、なぜ選ばれたのか不思議だったので、私を面接した人たちに後で聞いたところ、「違う視点を本社にもち込んでくれそうだと思ったから」と話していました。

リーバイスは、創業者リーバイ・ストラウスが人種差別に強く反対し、社会的公正を非常に重んじたこともあって、人を性別や国籍や学歴などの属性や見た目で判断しないことや、個人の尊重、多様性の容認に関して、アメリカ国内で高い評価を受けている企業です。

実際、私がいた頃はもう管理職の半数は女性でしたし、ゲイの社員もたくさんいました。国籍も肌の色も実にさまざまでした。多様と言えば、服装も多様かつ自由で、オフィスを見回すと、おへそが出ているくらいのファッションは当たり前、びっくりするような格好で歩いている人がいくらでもいました。

　また、リーバイスでは社員の入社年次や年齢が話題になることはまずありませんでした。日本の企業ではよく「何年入社組」といったくくり方がされますが、リーバイスにいる間、私は自分の年齢を聞かれたことは一度もありません。私も上司や同僚や部下の年齢を聞いたことはありません。人事部門の資料にも、必要がない限りは年齢や入社年次などの属性情報は記載されていませんでした。

　リーバイスでは、役職のあるなしによって発言しやすいとか発言しづらいといったこともなく、個々人がその全人格において尊重され、もてるもののすべてを引き出せる環境にありました。先に紹介したアスピレーション・ステートメントのような企業理念を文字通り実現できる企業はあまり多くないと思いますが、リーバイスではそれが現実となっていました。

　そのような風土の会社ですので、私のような現地採用の日本人をあえて本社に入れたのは、やはり多様性をさらに広げようとする意図からだったかもしれません。加えて言えば、面接のとき、私は聞かれた質問にうまく答えられなかった代わりに、リーバイスで働き始めてからの二年間に見聞きしたこと、各種プログラムで学んで感じたことを、思うままに話しました。そういった率直さやポジティブなところ、好奇心がありそうなところも評価されたそうです。

私が就いた新たなポストは、前述したようにグローバルリーダーシップ開発のシニアコンサルタントでした。階層としてはわりあい上の方で、本社の部長クラスでした。といっても秘書がついていただけで、直属の部下はいませんでした。私と同じシニアコンサルタントがほかに二人おり、三人でチームを組んで、CEOや本社各部門のトップたちと直接連絡をとり合いながら仕事をしました。

このチームは、おそらく私が人生で経験した中でのベストチームだったでしょう。一人はデリーといって緻密で分析力のあるタイプで、物事を整理してとらえるのがうまく、性格はとても穏やかでした。もう一人はシンドリといい、感性が鋭くクリエイティブな右脳系で、頭の回転が速い人でした。そこにおっちょこちょいでおせっかいで好奇心たっぷりの私が入ったわけです。私たちはまったく気にもかけていませんでしたが、あえて表面的な属性を紹介すれば、デリーは黒人の男性でゲイ、シンドリはギリシャ系アメリカ人の女性、そこに生まれて初めて海外で暮らす日本人女性の私が入ったという絵柄でした。

この二人とは先日サンフランシスコで同窓会をしたときにも、「私たち、“The Mod Squad”だったねー」と語り合いました。『モッド・スクワッド』（日本では『モッズ特捜隊』

のタイトルで放送）は、札付きのワル三人組が警察に協力する代わりに刑務所から出してもらい、潜入捜査で活躍するというストーリーで人気のあったテレビドラマシリーズです。あのドラマ同様、見かけも性格やバックグラウンドもバラバラの三人組が突拍子もなく大きな仕事に挑み、ハチャメチャにいい仕事をしていたねと笑い合ったのです。

私たち三人に共通していたのは、人生を楽しむ姿勢、新しいことや新しいものの見方を楽しむ姿勢、そしてお互いの成長を支援する姿勢でした。もちろん会社と組織のために最高の仕事をしようというベースがあったことは言うまでもありません。お互いに能力を認め合い、ともに働けることに心から感謝し合える、そして笑顔の絶えないチームでした。

アメリカ社会では（アメリカに限らないかもしれませんが）、英語が上手に話せない人はしばしば「知的能力が劣るかもしれない」という誤った印象をもたれてしまうことがあります。しかし、デリーとシンドリはそういう見方はまったくせず、いつも私の話を忍耐強く聞いてくれて、私がときどきおかしな英語を使うと、「つまりヤヨイの言いたいのはこういうこと?」などと的確に言い直してくれました。私も英語の不完全さを少しでも補えたらと、複雑な話をするときはできるだけ図や表を使ったり、言いたいことを漫画的表現や絵にしてまとめたりして意思疎通の方法を工夫しました。私は絵を描くのはわりあい得意なので、そういう自分の強みの部分はできるだけ出すようにしました。そんな私のチャレンジを二人はいつも前向きに受け止め、活用する余裕を見せてくれました。

さて、私たちのチームの最重要ミッションは、新たにリーバイスのサクセッションプラン（後継者育成計画）をつくり、グローバルで実施することでした。そのゴールは、世界中にいる優秀な人材を発掘し、育成し、その人たちの活躍の場を広げて、組織をもっとグローバル化することでした。これに加えて、私たちのミッションには、リーバイスのグローバルリーダーに求められるコンピテンシーを定義し、国境を越えた人事異動とリーダー育成を組み合わせた仕組みをつくることも含まれていました。

最初に先進企業のベンチマークもしてみようということになり、私たちは他社事例を調べ始めました。けれども、アメリカの企業に詳しいデリーやシンドリと違って、サンフランシスコに着任してまだ二、三カ月しかたっていない私には手づるがまったくなく、チーム始動早々、やや手持ち無沙汰でした。しかしひとりだけ暇をもて余しているわけにもいきませんので、たまたま誘われたあるレセプションに顔を出してみました。するとそこで、モトローラに勤めている男性と隣り合わせになりました。

お互い挨拶《あいさつ》を交わした後、男性は「どんな仕事をしているのですか」と私に尋ねました。

私は「リーバイスでグローバルリーダーシップ開発を任されているのだけど、まだ担当になったばかりで何から手をつけていいかわからなくて……」と答えました。

「ああ、それならモトローラにも同じ仕事をしている人がいますよ」。男性はそう言うと、モトローラでリーダーシップ開発・組織開発のヘッドを務めているという人の名前を挙げ、「よかったら、彼を紹介してあげます。シカゴの本社まで来られますか」と聞いてきました。

私は軽い気持ちで「紹介して下さるんでしたら行きます」と応じ、名刺を渡しました。男性は「来週、シカゴに戻ったら、彼のスケジュールを確認してメールします」と約束してくれました。そして私たちはその場で別れたのです。

会社に戻って、私はデリーとシンドリにこの話をしました。二人は「ふーん」という感じで聞いていたのですが、会えるかもしれないモトローラの人物はパトリック・J・キャナバンという名前らしいと私が説明すると、「うわー！」「信じられない！」と声を上げました。

二人の話では、キャナバン氏は、八〇年代半ばからモトローラにおいてグローバルレベルでのリーダーシップ開発に携わってきた超有名人で、他社の人間とは滅多に会わないこと、ベンチマークを受けないことでも有名だというのです。一体どんな手を使って会えることになったのかと聞かれ、私は「実は昨日のレセプションでモトローラの社員と会って……」と事のいきさつを説明しました。

私の話を聞き終わると、デリーとシンドリは、「ヤヨイ、この話はあまり期待しない方がいい。たぶんシカゴからメールは来ないだろうし、キャナバン氏にも会えないだろうけど、がっかりしちゃダメだよ」と口をそろえてなぐさめてくれました。

ところがメールは来たのです。私はシカゴに飛びました。面談には、「あのキャナバン氏に会えるなら」ということでリーバイス本社のある重役も同席することになりました。当日、キャナバン氏がいるビルの前でその重役と待ち合わせている間、寒々しいビルの壁と枯れ葉のついた木々を見ながら、身にしみるほど冷たい風を受けていたこと、緊張しながらも、新しい世界にふれる好奇心に胸を躍らせていたことをおぼえています。

キャナバン氏は、初対面の私たちに対し、グローバルリーダーシップ開発を進めるうえでの組織づくり、作業の進め方、開発ツールの選び方や使い方などを事細かに教えてくれました。なぜそのような有名人から直接教えを受けられたのか、誰とでも垣根なく気さくに話す私の「下町風アプローチ」が通じたのか、あるいは単なる偶然だったのかはいまだによくわかりませんが、この出来事は、本社で働き始めたばかりの頃の私にとっての数少ない快挙でした。サンフランシスコに帰って、さっそく面談内容をレポートにまとめて社内に提出したのをきっかけに、私の行動の自由度は広がり、信頼度も増したように思います。

ハース会長の言葉

――順調な滑り出しだったようですね。

サンフランシスコは、思った通りとても暮らしやすい街で、生活にはすぐに慣れ、職場の同僚にも恵まれました。

すでに見てきたようにリーバイスは多様性を容認し、人を属性や見た目や経験の多寡で判断しない会社であるとともに、社員が自分の全人格を職場にもち込み、すべてのバックグラウンドをありのままに出せる会社でもありました。これは公私混同とは違っていて、どこにいても自分が変わらずに自分自身でいられる、一貫性を保って働けるということです。そうする方が誰もが本領を発揮できると、リーバイスではトップから社員まですべての人たちが信じ、そのままに行動していました。そのことも私にはとても心地よく感じられました。

しかし、私の中ですべてがうまくいっていたわけではありませんでした。私はサンフランシスコに来てからも、引き続き英語で四苦八苦していたのです。アパートのキッチンに蟻がたくさん出て、大家さんになんとかしてもらおうと思ったのに状況をうまく説明できなかったり、職場で何気なく「今朝、スカートのすそを踏んで転びそうになって――」と言おうとして言葉に詰まったり。「戦略は?」「ビジョンは?」といった難しいことは英語で話せるわりに、日常のちょっとした会話にてこずることがしょっちゅうありました。これは精神的に相当こたえました。

仕事中も、以前ほど英語で苦労はしなくなっていたものの、たとえばデリーとシンドリと何か文章をまとめるときになると、私の出る幕はありませんでした。しょうがないと言えばしょうがないのですが、二人とともにチームで働いているのに自分だけ貢献度が低いように感じられて、なんとなく気がひけました。

それだけではありません。私たちグローバルリーダーシップ開発のシニアコンサルタントには、サクセッションプランの作成・実施以外にも本社内で務めなくてはならない役割がありました。それは、本社内のさまざまな会議に同席してファシリテーションをしたり、エグゼクティブに対して定期的にコーチングやコンサルティングを行うことでした。

一対一で行うコーチングやコンサルティングはまだしも、多国籍の人たちが集まる会議をファシリテートするのはかなり骨が折れました。なにしろアメリカ人とインド人とフィリピン人とフランス人とイタリア人が一斉に英語でワーッと議論したりするのです。しかも、そういう場合、アメリカ人以外はみんな、自分たちなりの英語を話し、それぞれが〝すばらしいアクセント〟でまくし立てます。

ただでさえファシリテーションに自信がない私は、度々、お手上げ状態になりました。目の前を通過する英語のやりとりについていけず、ぼうぜんとしたこともありました。そのうちに情けなくなってきて、涙がこみ上げてきたことも一度や二度ではありません。

サンフランシスコに来て二カ月ぐらいたったときのことでした。ボブ・ハース会長兼CEOと話す機会がありました。会長は私を見つけると「ヤヨイ！」と駆け寄ってきて、「僕の在任中に日本人が本社で働いてくれるようになって、本当にうれしいよ」と言って抱きしめてくれました。

私は「でも、英語がいまだによくわからなくて、貢献しきれていない気がして申し訳なく思っています」と打ち明けました。

すると会長は言いました。「You are not here to learn English. Think why you are special, what is your value.（君はこの会社に英語を勉強しに来たのではない。君ならではの付加価値は何なのかを考えてごらん）」

ハース会長の言葉に、私は一筋の光明を見た思いでした。私は日本人であり、どう逆立ちしたところで、自分の秘書よりも英語は下手《へた》なのです。ネイティブスピーカーであるかどうかの差はそのぐらい大きく、非英語圏で生まれ育った人間が大人になってからいくら努力したところで、ネイティブのレベルに簡単に追いつけるものではありません。

にもかかわらず、リーバイス本社があえて私を日本から呼び寄せたのはなぜなのか。外国人の社員を本社で雇うと、会社はその社員が住む家の家賃その他の経費を負担しなくてはならず、アメリカ人を雇うよりコストは倍かかります。そうまでして私を本社に異動させてくれたのはどうしてなのか。私にそのコストに見合う働きはできているのか。

ハース会長の言葉を聞いてから、私は「組織における自分の付加価値は何なのか」ということを考えるようになりました。

カントリーがわかる、ビジネスがわかる

――ご自身の存在意義をお考えになったとも言えますね。

その通りです。私がリーバイス本社にもたらすことができる付加価値、私がサンフランシスコにいる存在意義は、少なくとも三つありそうでした。

一つは、現地採用者の視点をもっており、カントリーの事情がわかることです。リーバイ

スのみならず、多くのグローバル企業では、カントリー機能（現地法人）は各国における「営業所」です。したがってその最大の役割は商業的成功であり、エネルギーのほとんどはそこに費やされるべきです。ところがグローバル企業では本社からカントリーに対し、ときには過度なまでにデータやレポートの提出が求められたりもします。カントリーでは、場合によってはビジネスは脇に置いてでもデータ収集やレポート作成に勤《いそ》しまなくてはならず、そうなると、本業に支障をきたしかねません。

こういった話を、本社の人たちとカントリーの人たちが同席している会議の場で私がすると、カントリー側からは「実情を正確に伝えてくれた」と感謝されました。本社の人たちも「なるほど、そうだったのか」と納得してくれました。このように本社とカントリーの間をとりもつことができる人間は、本社の人事部門には私ぐらいしかいませんでした。

二つ目は、ビジネスがわかることです。前章で話した通り、私はリコーにいたとき、海外営業やジョイントベンチャーの仕事をしていました。だから、たとえば「在庫」と聞けば、その意味合いが肌感覚でわかりました。月末の営業最終日の売上金額をめぐる現場の緊張感も経験していました。そのようなビジネスの知識や感覚は、本来、人事担当者に欠かせないものだと今では私も思っています。しかし当時のリーバイスの本社人事部門にビジネスを知り尽くした人材がいたかというと、私のほかには見当たりませんでした。

先述したように、私の仕事の中にはエグゼクティブに対するコンサルティングも含まれていましたが、その依頼に応えているときは、ヤヨイは話のわかりが早いと評価されていたように思います。ビジネスの現場の人たちは問題解決策をより早く、より効果的に見つけ出したいと考えます。したがって、そのための状況説明や課題を探るプロセスにおいては、洗練された英語力よりもビジネスについての理解力の方が大事なのです。そういう当たり前のことに私は気づきました。

三つ目は、日本人らしさを生かすことです。日本人特有の思いやりの深さ、謙虚さ、段取りのよさ、何でも許容する柔軟性といったものが、案外、グローバル企業では付加価値になるのかもしれないと感じたのです。

サンフランシスコに来て一年ぐらいたった頃でしょうか。私は名指しで会議のファシリテーションを頼まれる、わかりやすく言うと「お座敷がかかる」ことが多くなりました。初めは理由がわからず、「英語が不自由なのに、不思議だねえ」と同僚たちと言い合っていたのですが、しばらくするうちに、もしかするとこれは私のスタイルの中の日本人らしさからかもしれないと思うようになりました。

欧米人が集まって会議をしていると、みんなものすごく積極的に発言します。ただそのわりに互いに人の話をあまり聞いていなかったりして、議論が過熱すると、言葉と言葉が激しくぶつかり合い、収拾がつかなくなることがよくあります。その中にファシリテーターが割り込んでいくのは至難の業《わざ》です。

ですが、リーバイスの本社でファシリテーションをしていてだんだんわかってきたのは、表向きは熱くて絶え間ないやりとりを繰り広げている欧米人も、心の中では「誰か止めてくれ」と思っているということです。当人同士は本心では建設的な議論をしたいのですが、議論がヒートしてしまった以上、引っ込みがつかなくて、ガンガンしゃべりまくっている場合が多いのです。

その点、私がファシリテーターを務めるときには、まず部屋の空気がふわっと緩むのが感じられました。私が繰り出す質問一つ、コメント一つで、議論のペースがゆったりしたものとなり、参加者が話しやすい空気がつくられていくようでした。日本人である私は「この意見はいい」「この意見は悪い」といった白黒をつけません。いつも全体を見ながら、「なるほど、それはそうですね」「うーん、そういうこともありますね」「ああ、そうか、そうも言えますよね」などとすべてを受け入れてしまいます。そういう「なんでもあり」の感じ、よく日本人自身が日本人の悪いところだと言う「玉虫色の決着を好む」キャラクターによって、会議のすべての参加者に「自分は間違っていない」と感じてもらえ、あらゆる意見を引き出せていたようでした。

英語ができないことを言い訳にしない

――自分の付加価値がわかってからは、英語は気にならなくなったのですか。

私はリーバイスの本社に勤めながら、CCL（センター・フォー・クリエイティブ・リーダーシップ）や、応用行動科学のNTLインスティチュート（創立時はナショナル・トレーニング・ラボラトリー、現在の正式名称はNTL Institute for Applied Behavioral Science）など、リーダーシップや組織開発の研究・研修で有名な機関に派遣してもらい、リーダーシップ開発やファシリテーションやグループプロセスなどいろいろなプラグラムを受講していました。

また、リーバイスが自社のある主要部門の組織変革を有名なコンサルタントであるピーター・ブロックに依頼したときには、半年間以上にわたって彼のアシスタント役を務め、師事することもできました。

しかし、せっかくそのような英才教育を施してもらっていても、英語の不自由さがどうしても気になることはやはりありました。「あなたは英語を勉強しに来たのではない」というハース会長の言葉は身にしみてわかっていたつもりでしたが、プログラムの内容についていけなかったり、議論の最中に適切なタイミングで発言できなかったりすると、「やっぱり英語がもっとできないとダメだなあ」と心の中でつぶやいていました。

けれども、あるとき、英語ができないことを言い訳にしている自分がとても恥ずかしいと思えてきたのです。私はリーバイスの本社で責任あるポストに就いて、世間で言うところのいいお給料をもらっていました。上司や同僚たちも、私に一人前の人間として働いてほしいと期待を寄せているはずでした。

なのに、私自身が、自分の英語が十分でないからといって、ぐずぐずと自分を半人前扱いしていていいのだろうか。私に求められているのは、いつでもどこでもベストを尽くすことではないのだろうか。でないと、周りの人たちに失礼だし、何より自分自身にも不誠実ではないのだろうか。そんな気がしてきて、その日を境に、英語を言い訳にするのはもうやめようとすっぱり決めました。

思えば、その日、私は「自分はプロです」と宣言したのです。誰かに公言したのではありません。私は今のままで大丈夫、ありのままでOKなのだから、プロらしく仕事をしなくてはならないと、自分に対して宣言しました。そうすると、次の日から、世界がはっきり変わって見えるようになったのをおぼえています。周囲の人たちが私に一目置いてくれ、プロ扱いしてくれるように見えました。これは錯覚でも何でもなくて、私が変わったからだと思うのです。

こう説明すれば、もっとわかりやすいかもしれません。子どもは何歳になったら大人になるのでしょうか。二〇歳でしょうか、一八歳でしょうか、それとも一六歳でしょうか。法的にはいくつかの線引きはあっても、子どもと大人を明確に分ける絶対的なルールはありません。けれども間違いなく言えるのは、子どもが「自分は今日から大人です」と宣言し、責任をもって振る舞い、世の中に貢献すれば、社会はその人を大人として見るということです。義務教育を終えたばかりの一六歳でも、本人が社会人としての自覚をもって行動すれば、世間はその人を大人として扱います。二〇歳を過ぎていても「自分はまだ子ども」と思って甘えている人を、世間は大人としては扱いません。

プロフェッショナルも同じです。プロだと宣言し、プロらしく責任をもって行動し、たとえ小さくても何らかのプラスの結果を組織や社会にもたらせば、周囲は自ずとその人をプロとして扱います。

言い方を変えれば、私は英語を言い訳にしていた間は、真のプロではなかったのかもしれません。自分を枠にはめない生き方をしてきたと前に私は述べましたが、サンフランシスコに来てからしばらくは、「自分は英語がうまくないから一人前ではない」という枠を自らつくり、そこに自分をはめ込んでいたのでしょう。

「自信」は、「自分」を「信じる」と書きます。何か特別なものを手に入れることではなくて、今のままの自分で大丈夫だと信じることが「自信」です。自分はプロであり、英語ができるかどうかにかかわらず、プロらしく働こう！　自分の付加価値によってプラスの効果を組織にもたらそう！　そう覚悟を決められたとき、私はようやく「自信」を手に入れたのだと思います。と同時に、以前より謙虚に自分の成長を心がけるようにもなりました。

折しも野球界で野茂英雄選手が日本を離れてロサンゼルス・ドジャースに入団し、その年にオールスター戦に出場したうえ、シーズンの新人王に輝きました。日米両国で新人王を受賞した初の日本人メジャーリーガーの快挙に私も励まされました。

私も日本の外でも、同じようにプロとして活躍し、貢献できる〝会社員版メジャーリーガー〟になりたいなあと思いました。

権威なき影響力

——サクセッションプランの方はその後どうなりましたか。

グローバル・サクセッションプランとグローバルにリーダーを発掘・育成する仕組みは、私がサンフランシスコに来た最初の一年で完成し、続いて私たち三人はそれを全世界のリーバイスに広める活動にとりかかりました。

初めに世界各地の人事部門長たちをサンフランシスコに呼んで、サクセッションプランのプロセスとグローバルリーダー育成プログラムの概要を説明しました。リーバイスのリーダーに求められるコンピテンシー、プランの実行計画の立て方、人材ニーズの把握の仕方、それぞれの国にどういう人材がいるかを見る人材レビューミーティングの実施の仕方などを順番に解説していきました。

次に、プランを試行する国や組織を六つ選び、デリー、シンドリ、私の三人で手分けして回ることになりました。相手側は当初、私の英語力を不安視したようでしたが、デリーとシンドリは「新たなサクセッションプランの中核となる部分はヤヨイがつくった。自分たちの組織やビジネスに最適なコンサルティングを受けながら導入したいんだったら、彼女と一緒にやるのが一番だよ」と先方に伝え、私を彼らとまったく同じかそれ以上のプロであるとして周囲に念押ししてくれました。調整の結果、私はカナダと、リーバイスがアメリカ国内で展開するあるブランドの会社を担当することになりました。アジアの国も候補には入っていたのですが、あえてアメリカの本丸組織を担当してみたいという私の希望もあってのことでした。いったん担当した後は、口コミで評判が広がり私はひっぱりだこになりました。

章の冒頭で述べたようにリーバイスはHRの先進企業だったわけですが、それでもまだ、どちらかというとアメリカ中心の色合いが抜け切っておらず、真にグローバルにシステマティックな人材発掘・人材育成をしてきたかというと、まだ改善できる余地がありました。したがって、私たちが人材発掘・育成の新しい物差しを示し、それを全世界のリーバイスにあまねく運用していくのには、一年半から二年ぐらいかかりました。

またそれまでのリーバイスのリーダーシップ開発は、会社の価値観や理念に基づいていたとはいえ、ビジネスとの関連づけにやや曖昧な部分もありました。その点、私たちのサクセッションプランは上級幹部層を対象としていたため、新規事業を想定したアクションラーニングを取り入れるなどして、よりビジネスに直結したものになるように設計してありました。こうしたプランの実行には一年ほどを要しました。

活動を通じて、私自身もまたリーダーシップのよい訓練を受けたように思います。人材育成は、とかく総論賛成・各論反対になりやすいものです。これは日本の企業でも同じでしょう。私たち人材育成の側が「人は育てなくてはいけません」と言えば、現場の責任者たちはたいてい「もちろん、そうです」とうなずいてくれます。「人を育てるにはお金とエネルギーがかかります」と言っても、「その通り」と同意してもらえ、異論は出てきません。ところが「では、今すぐこの会議を中断して、これからの一時間を人材育成に充てましょう」と言ったら、どうでしょうか。「一時間で商品がいくつ売れると思っているのか」「一時間で製品がいくつつくれると思っているのか」などと途端に反対意見が続出するでしょう。

人材育成部門が現場を説得するのはそれぐらい難しく、リーバイスですら例外ではありませんでした。私たちは、各カントリーの社長や人事部門長の直接の上司ではありませんでしたから、「サクセッションプランを実行しなさい」と命じることはできませんでした。カントリー側にしてみれば、私たちの提案に「ノー」と言ったからといって、誰からもとがめられることはなかったわけです。

しかも、このサクセッションプランに即したリーダー育成は、実施予算をカントリーがそれぞれもつ方式になっていました。本社から一切お金は出ず、あくまでもプランの価値を認めたカントリーが自前で予算を組んで実施することになっていたのです。

したがって私たちは、カントリーの人たちに対して、組織を継続的に成長させていくうえで、このプランの実行がいかに大切かということを説明し、納得を得なくてはなりませんでした。プラン実行にあたっては、私たちが十分に支援することも伝え、安心感をもって取り組んでもらえるように気を配る必要もありました。

このように上司・部下のタテの関係を利用せずに相手を説得することを英語で「influence without authority（権威なき影響力）」と言います。けっして簡単なことではなく、問われたのは、まさに私たちのリーダーシップでした。権威はよそから借りてくるわけにもいきません。私たちが、たとえば「このサクセッションプランはハース会長のお墨付きを得ています」と言い、それで各カントリーを押し切ったとしても、当事者である彼ら彼女らが本当に納得していなければ、結局プランは失敗に終わったに違いありません。

組織においては、権威を利用して人々を動かそうとするのではなく、人々の心に火をつけて使命感を呼び起こし、自分と同じ方向を向いて動いてくれるようにリードしなくてはならない局面があります。サクセッションプランの導入もそうしたやり方がふさわしいと私たちは考えており、納得ずくで試行してくれたカントリーでプランが成功すれば、必ずその人たちが他のカントリーに対して「このプランはいい」と勧めてくれるだろうと信じていました。

幸いにして、私たちはHRのスキルを世界中のリーバイスの人事部門の人たちに伝授し、彼ら彼女らの能力アップを支援することを通じて、各カントリーの人事担当者たちとつながっていました。サクセッションプランを試行したカントリーの人事担当者はもちろん、試行の様子を見て、うちでも導入しようと決めてくれたカントリーの人たちとも信頼関係が築けていました。そうした信頼の土壌の上にサクセッションプランという種子をまいた結果、プランは花開き、リーバイス全体に果実をもたらしました。私たちの「権威なき影響力」は、期待した通りに世界中に広がっていきました。この経験は、私自身が多国籍かつグローバルにリーダーシップを発揮できるようになった成果の一つとして挙げられると思います。

このサクセッションプランはアメリカのいろいろな企業からもベンチマークされました。それほどまでに秀逸なものができたのは、やはりデリー、シンドリ、私の三人がそれぞれの違いを出し合えたからだと思います。私たちは三人が三人とも、互いに尊敬し合い、視点や能力やアプローチの違いを掘り出せるだけ掘り出し合いました。それぞれの違いを話し合い、聞き合うときの対話の質もきわめて高いものでした。私たちの誰に聞いても、三人のうち一人が欠けることがあってはいけないと答えたでしょう。サクセッションプランの完成は、まさに多様性が価値として生かされた結果だったのです。

リーダーの認知力

――続いてアジア太平洋地域本社に異動されるのですね。

サンフランシスコでは、そのようにして三年間を過ごしました。その間、苦労はありましたが、サクセッションプランの作成・導入というミッションを達成し、また教育のおかげもあって、私は人材開発・組織開発・リーダーシップ開発の専門家として社内で認知されるようになりました。世界各地の人事担当者とも密接につながることができ、グローバルに何かを実施する際に円滑にそれを行えるような人間関係を築くこともできました。

リーダーを育成する際には、節目としての「試練」が必要だと言われます。私にとってこの三年間は、苦しみをともなうような過酷な日々ではなかったものの、本来の資質が呼び覚まされ、ストレッチされ、鍛えられたという意味では、やはり試練を経験できた期間でした。

次のステップを考え始めたのは、ちょうどビザが三年で切れるためでもありました。ただ、本社にいる間に職位が上がってしまったため、日本法人に戻っても就けるポストはなさそうでした。そんなとき、リージョン機能であるアジア太平洋地域本社（シンガポール）に異動しないかと打診を受けたのです。当時、リーバイスは、成長著しいアジアマーケットに注目しており、アジア人材の育成が重点課題となっていました。私はこの打診を受け入れました。

本社を去った日のことは忘れられません。仲間たちが開いてくれたお別れ会に出て、各部屋を挨拶して回った後、自分のオフィスに戻ると、机の上に小さなメモ書きが置いてありました。見ると、ハース会長からのメッセージでした。

会長室のあるビルから私のオフィスがあるビルまでわざわざ訪ねてきてくれたことにびっくりして、メモを手に取ると、ハース会長の特徴のある繊細な文字で、こんなことが書いてありました。

「ヤヨイ、三年間、本社に貢献してくれてありがとう。あなたが携わったグローバルリーダーの発掘・育成の仕組みづくりは、わが社の一五〇年の歴史を価値あるものとし、わが社の将来をますます価値あるものとするだろう。君と一緒に働けて楽しかった。アジア太平洋でも頑張ってほしい」

私は感激しました。単に社内異動でサンフランシスコを去るだけの私に対し、私が携わった仕事の中身に具体的にふれたメッセージをくれるとは、なんてすばらしいリーダーなのだろうと思いました。

リーダーには、フォロワーに対する認知（リコグニション）が常に求められます。それは「ほめる」のとは違います。フォロワーがやったことをちゃんと見ていて、それについて自分がどう感じたのかをフォロワーにちゃんと伝えるのが認知です。

振り返れば、リーバイスには、認知の大切さをよくわかっているリーダーがたくさんいました。部下が手がけたささいなことについても、「あなたがこうしてくれたから、私はこうできた。ありがとう」とちゃんと認知するリーダーシップの在り方が、会社のあちこちで見られました。

トップであるハース会長もまた、私の異動に際して、リーダーとしての認知をしっかり示してくれました。もちろんそこには彼の深い愛情も感じられました。優れたリーダーシップを「walk the talk（言行一致）」で体現していた彼のそばで、たとえ短い期間でも働けたことは、私にとってとても大きな財産となりました。そしてリーバイスという会社が、私はますます好きになりました。

シンガポールへ

――リージョンに移ってからは、どんな仕事をされたのですか。

私の肩書きはアジア太平洋地域本社の「タレントダイレクター」になりました。これは私が自分で新たにつくった役職名で、タレント（talent）は「人材」と訳してもいいのですが、私が意図したのは「talent（才能）をもつ talent（人材）」でした。ミッションは、リージョンやカントリーの主要ポストにおける本社からの駐在員の比率を下げ、アジア太平洋地域出身者の比率をできるだけ増すことでした。

したがって、私の職務には、私自身が人事スタッフのロールモデルになり、本社で身につけたスキルをアジア太平洋の人たちに伝授することも含まれました。サンフランシスコにいたときは、グローバルリーダーを発掘・育成するシステムを構築し、それを世界に広めていくのが仕事でしたけれども、シンガポールでは育成対象がより具体的になり、私の役割もより具体的になったと言えます。

さらにこの間、私は本社からの特命で、リーバイス全体の評価制度の見直しにも取り組みました。ヨーロッパ地域で人材育成を統括していた同僚とコンビを組み、サンフランシスコのホテルにカンヅメになって新しい制度をつくりました。全社の制度の見直しをヨーロッパとアジア太平洋地域の出身者（私を含め二人とも本社勤務経験はありました）に任せたのは、いかにもグローバル企業としてのリーバイスらしい判断だったと思います。というのも、これら両地域で通用する仕組みなら、アメリカでも通用すると見てほぼ間違いないからです。逆にアメリカでつくってしまうと、その仕組みをグローバルで展開するには手直しが不可避となります。

通常、グローバル企業が新しい人事制度を導入する際は、まず本社（アメリカ）でそれをつくり、各国に展開するというものですが、ここでは欧州代表者とアジア太平洋代表の私が自地域に確認しつつ、かつ私はアメリカ本社での経験も踏まえてアメリカにも通用するものを作成したため、グローバルに組織全体があまり時差なく運用を開始でき、各国からの評判も上々でした。

評価制度の詳細についてはここでは踏み込みませんが、私たちが留意したのは、つくり込まず、本質的でシンプルなものにすることでした。評価制度は、つくり込めばつくり込むほど、グローバルでは通用しにくくなります。ただし書きも増え、翻訳も煩雑になるため、制度を導入する手前で、各国が息切れしてしまいます。グローバルな組織で運用する制度のプラットフォームには、何よりシンプルさが必要とされます。またシンプルなものほど深いのです。

「アジア人」を意識する

――サンフランシスコにいたときとでは、だいぶ意識が変わりましたか。

最初に日本法人にいた頃、私はしょっちゅうシンガポールに出張し、アジア太平洋各国のスタッフたちが集まる会議のファシリテーションをしていたと前にお話ししました。その間に、たくさんできたアジア各国の仲間たちは、私がサンフランシスコの本社に異動するとき、「We are proud of you as Asian.（アジア人としてのあなたを誇りに思う）」ととても喜んでくれました。私が「自分はアジア人なんだ」と自覚したのは、おそらくそのときが初めてでした。

日本人はあまり自分が「アジア人である」とは意識しないようです。たとえば「夏休みはどうするの？」と聞かれて、「アジアに旅行に行く」と何気なく答える人は多いでしょう。日本もアジアの中にあるのですから、「アジアに行く」という言い方はちょっと変ですが、日本人の感覚では、日本とアジアは必ずしも重ならないのかもしれません。

ちなみにイギリス人の知り合いに聞いたところ、イギリス人にも似たような心理があるそうです。他のヨーロッパ諸国の人たちのように自分たちを「ヨーロピアン」だとは意識せず、「ヨーロッパにバケーションに行ってくる」と言うイギリス人が多いといいます。どうして日本人とイギリス人が似ているのか、同じ島国だからか、あるいは歴史的背景によるのか、理由は定かではありませんけれども、この両国の人々は自分たちをアジア人とかヨーロッパ人といったくくりではあまりとらえないようなのです。

それはともかく、リーバイスにいる間、私は自分がアジア人であることをとても強く意識するようになりました。本社でカントリーを支援する提言をしたときには、フィリピンやマレーシアの仲間たちから「アジア人が本社にいてくれてよかった」と言われましたし、シンガポールで働くようになってからは、周りに本社での勤務経験のあるアジア人がいなかったこともあって、「ヤヨイ、ちょっとサンフランシスコと交渉してよ」と頼まれることが多くありました。そうしているうちに、自分がアジアを代表しているような気持ちになっていきました。

しかし、シンガポールでは自分がいかに無知だったかということも思い知らされました。シンガポールでは八月九日の建国記念日を盛大に祝います。街をパレードが行き、博物館には建国以来の歴史を示す資料が展示されるなどして、国中が祝賀ムードに包まれます。

その日、なんとなく観光気分で博物館に足を向けた私は、展示資料を見て、太平洋戦争中、日本軍がシンガポールを占領・統治していたことを恥ずかしながら初めて知りました。しかも多数の中国系住民を殺害していたと知り、ショックのあまりしばらくその場を動けませんでした。

それまで私は、戦争中の日本軍の行為についてアジアの国々が日本政府に謝罪を求めるニュースを見ても、ピンとこないというか、現代を生きる自分とはあまり関係のないことだと思っていました。アジア各国の人たちに囲まれて働いていながら、私は日本軍が戦時中にアジアの国々に対してしたことをほとんど知らず、アジアの人たちが日本をどう見ているかということに思いをはせたことすらありませんでした。

なんて厚顔無恥だったのだろうと思った私は、シンガポール人の同僚のおじいさんやおばあさんを訪ねて、日本軍統治時代の話を聞かせてもらいました。それから、社内にいた韓国人、フィリピン人、マレーシア人、香港人、台湾人で子どものいる人たちに、「小学校の歴史教科書があったら見せてほしい」と頼んで、アジア各国であの戦争が子どもたちにどう教えられているか、日本のことがどう書かれているかを知ろうと努めました。日本人として、アジアでアジア人と一緒に働くうえでは、なるべく広範な情報を集めて、正確な歴史認識をもち、謙虚な気持ちで人々と接することが重要だと思ったのです。私のアジア人としてのアジア人に対する思いは、後のナイキに転職するときの決意にもつながっていきました。

日本法人へ

――「才能・人材」としての日本人はどうだったのですか。

リーバイスは天安門事件（一九八九年）の後の一時期、中国での販売を停止していました。そのため、リーバイスにとってのアジア太平洋地域で最大のマーケットは日本であり、当時の売り上げは同地域の半分以上を占めていました。にもかかわらず、リーバイス・アジア太平洋地域本社の幹部層にいた日本人は私ひとりだけでした。

シンガポールで二年半を過ごした後、私はリーバイス日本法人に異動することになったのですが、その際、後任のアジア太平洋地域タレントダイレクターは、できれば日本人に務めてもらいたいと強く思いました。しかし、社内はもちろんのこと、ヘッドハンターに依頼して社外の人材を探してもらっても、ついに適任者を見つけることはできませんでした。人材開発・組織開発・リーダーシップ開発などの専門性を備え、なおかつグローバルな組織で多国籍でバーチャルなチームに対してリーダーシップを発揮できる日本人、つまり専門性とリーダーシップを兼ね備えた日本人を探すのはそれぐらい難しかったのです。そうした要件を満たす後任者を最終的に見つけることはできたものの、その人はフィリピン人でした。

私が日本法人に行くことになったのは、新たに日本法人社長になった人物から請われたからでした。新社長はマリア・メルセデス・エム・コラーレスというフィリピン人女性で、リーバイスではフィリピンやマレーシアの社長、アジア太平洋地域本社のマーケティング部長、ブラジルの社長などを歴任した凄腕《すごうで》経営者でした（後にスターバックスコーヒージャパン社長、同アジア太平洋地域本社社長）。

コラーレス社長（私はマーシーと呼んでいます）が来る前、リーバイスの日本法人は、競合の登場による環境変化などの影響で苦戦していました。マーシーに与えられた任務は一年間で業績を回復させることであり、彼女は短期間で事業を再建するためには組織変革のアプローチが不可欠と考えました。そして組織開発やリーダーシップ開発のスキルをもつ私を日本に招くという異例の人事を選んでくれたのです。私の役職は人事統括本部長でした。

マーシーは、その経歴からもわかるようにビジネス経験は豊富で、マーケティングにも通じていて、人も大事にする、おそらく私が今までに出会った上司の中で一、二を争うほどの卓越したリーダーでした。

けれども彼女のミッションはあくまでも業績回復でしたから、ややもすれば、議論は組織に手をつける方向で進みがちでした。その度に私は「組織に手をつける前に打つべき手はいっぱいある」と主張しましたので、私たちの間では、しばしば意見が衝突しました。

その様子は周囲の目には怒鳴り合いのケンカに見えたかもしれません。感情豊かなマーシーが怒りをあらわにして会議室のドアをバタンと閉めて出ていくと、私は社長室まで追いかけていってドアをガンガンとたたき、「話を聞いてくれるまで、ここから絶対に離れない！」と叫んでいましたから。

でも私は心からマーシーを尊敬していましたし、彼女に私心がないことはわかっていました。彼女もまた私の存在を認めてくれていました。二人が目指していたのは、ビジネスの回復であり、社員のしあわせであり、リーバイスのブランドを立て直すことであって、お互い向いていた方向は同じでした。ただし、いったん悪化した事業を好転させるのは並大抵のことではないため、そのやり方をめぐって私たちは真剣勝負をしていたのです。社員の声を最大限に生かすマーシーのリーダーシップと、一丸《いちがん》となって難局に挑んだ社員の頑張りがあって、日本法人は一年で目的を達成しました。私にとってマーシーは、今でも心底から何でも語り合える友人です。

日本法人では、採用試験にリーバイスらしい遊び心を取り入れたりもしました。最終選考では、面接に先立って、受験者は部屋にひとりでいて英語のペーパーテストを受けることになっていたのですが、それが終わった頃に私がお茶を持って現れ、テーブルの上にそっと差し出して、おもむろに椅子に腰かけ、「はい、お待たせしました。人事統括本部長の増田です」と名乗るのです。

もともとリーバイスでは、役職にかかわらず自分でお茶を入れたり、お客さんに出したりするのはごく当たり前のことでした。私がコーヒーを入れるときは、周りに「誰か飲みたい人いる？」と声をかけていましたし、そうすると部下から「あ、弥生さん、僕も欲しいです」と言われることもありました。ですから、最終面接官の私が自分でお茶を持っていって出しても、社内的には不自然でも何でもありませんでした。ところがあるとき、受験者がびっくりした反応を見せたので、これは採用テストに使えるかもしれないとヒントを得て、担当者と相談して試験の流れに組み入れることにしたのです。

Tシャツにジーンズ姿でお茶を持って入ってきた女性が人事統括本部長だとわかった瞬間、受験者はいろいろな反応を示しました。きょとんとする人、あわてて居住まいを正す人、中には「えっ？」と驚いてのけぞる人もいました。そうした態度の違いは、その受験者がどのくらい世間の枠にとらわれているか、多様性を重んじるリーバイスでうまくやっていけるかどうかを示すバロメーターとなりました。

なぜリーバイスをやめたか

――お話をうかがっていると、リーバイスをやめる理由が見つからないように思います。

これまでお話ししてきたように、私はサンフランシスコではグローバル規模でのリーダー育成システムの構築にかかわり、シンガポールではアジア太平洋地域における人材育成という部門の責任者を務めてきましたが、日本法人では人事全般をあずかり、自分のチームをもつことができました。毎日、部下たちと家族のように顔を合わせ、一緒に働ける楽しさは、本社やリージョンでは味わえないものでした。

また本社やリージョンの人事部門がコストセンターであるのと違い、カントリーの人事部門はプロフィットセンターであり、自分たちの打つ手一つひとつが利益に跳ね返ってきました。私が一〇〇円節約すれば、会社は一〇〇円もうかり、私が一〇〇円をムダにすれば、会社は一〇〇円を損することが手にとるようにわかるわけです。私はそういう現場感も好きでした。

しかし、その頃、私の中では何か少し別のことを求める感覚も生まれていました。何より気になっていたのは、私自身のリーダーシップでした。それまで私はリーダーを育成する仕事をし、リーダーの役割も担ってきました。けれども自分自身のリーダーシップについて深く思いをめぐらしたことはありませんでした。私はどういう人間なのだろう。何にこだわって、どうやって人の心を動かしていくのだろう。そんなことをつらつらと考えているうちに、一度立ち止まって、自分とゆっくり向き合いたいと思うようになったのです。

折しも、リーバイス本社では社外からCEOを迎え入れ、新CEOはグローバルの人事のトップもつれてきました。本社での体制変化にともなって、それまでのプログラムが見直されたりするのはよくあることです。リーバイスにおける人事部門の役割にも微妙な変化が表れ始めていました。おそらくそのまま、日本法人の人事責任者という立場にあってリーダーシップを発揮することもできたでしょうが、そうはいっても、日本法人はリーバイス全体における「一営業所」的存在です。サンフランシスコの本社から提案されるプロセスやツールについて、以前とは違う立場でやりとりをするのは容易ではありませんでした。

また、その当時、九〇年代半ばから後半にかけては、日本でもようやくアメリカ流のHRのスキルが注目を集めていた頃でもありました。私はたまたま縁があって、榎本英剛さん

（現CTIジャパン顧問）と共同執筆の形で雑誌に一文を寄稿しました〔8〕。

するど、ほかにも何か書いてほしいとか、講演で何か話してほしいといった依頼が次々に寄せられるようになりました。私は当惑するばかりでしたけれど、リーバイスで成功した事例を紹介することで他社の人たちの参考になるのであれば、それはよいことですし、またリーバイスの広報にもなるので、社内の広報担当とも相談して、受けられるお話は受けていました。けれども、そのうちに少しずつ疑問を感じるようになりました。

「蛇口の話」をご存じでしょうか。史実なのか寓話なのかは定かでないのですが、こんな話です。幕末に日本の武士の使節団がヨーロッパを旅しました。ホテルに泊まった一行が何より驚いたのは、洗面所の蛇口をひねると、きれいな水が出てくることでした。「国元では井戸から水をくみ上げているのに、さすがにヨーロッパは違う」と武士たちは一様に感心しました。そしてそのうちの一人が「蛇口」を山ほど買い集めて帰国したというのです。

私は、コーチングやファシリテーションや組織開発やリーダーシップ開発について、頼まれるがまま、あちこちで話しているうちに、自分が「蛇口」を売って歩いているような気持ちになりました。

私は自分のスキルをリーバイスで実践してきたのであり、私が知っているのはリーバイスの事例でしかありません。にもかかわらず、それを世間の人たちに話すのは、「蛇口があれば、きれいな水が飲める」とふれ回っているのと同じではないのかと思えてなりませんでした。自分は何をやっているのだろう。そう思っているうちに、今やっている仕事をやめて、一度人生をリセットしたいという気持ちを抑えられなくなりました。

会社をやめるにしてはあまりにもはっきりしない理由だということは、私自身よくわかっていました。今でもそう思っています。私がやめたいと切り出すと、マーシーは怒り、それから涙を流して止めてくれました。当時の日本法人のメンバーで今でも親しく付き合っている友人からも「いまだに、なぜあのとき弥生さんがやめたのかがわからない」と不思議がられます。

やめ方だけでなく、その後の身の振り方も、われながら不思議なものとなりました。なにしろその後三年間、私は定職につかずに暮らしたのですから。

◎本章のまとめ（金井）

増田さんがリーバイス日本法人の組織開発部長になった頃、アメリカの人事部門はヒューマンリソース・マネジメント（ＨＲＭ）と呼ばれるようになり、その役割も変化した。ヒューマンリソース（人的資源）というと無機質な響きを感じる人もいるかもしれないが、会社にとって人は大切な存在であると認識されたという意味だ。人の可能性を信じて人材育成や組織開発を行う時代の到来、そんな転換期に増田さんはＨＲ先進企業であるリーバイスに入った。

増田さんをワールドクラスの組織開発のプロに育てた社外の指南役には超一流の人物が名を連ねる。Ｊ・クーゼスとＢ・ポスナー、Ｗ・ブリッジズ、Ｐ・ブロックなどは、いずれもその分野のプロならこういう人から学べたことに羨望《せんぼう》をおぼえるほどの顔ぶれだ（詳しくは巻末の解説を参照）。ＣＣＬやＮＴＬでも学んだということからも、人を育てるのに投資をいとわないリーバイスの姿勢がうかがえる。

リーバイス時代の話では、まず「国際的」と「グローバル」の違いについての指摘が目を引いた。リコー時代のジョイントベンチャーと違い、「リーバイスでは、私が『日本から来ました』と言っても誰も驚かず、みんな『ふーん、そう』とアメリカ国内の別の州から来たかのように受け止めていました。そして、その日会ったばかりのさまざまな国の人たちが、国籍や言語や役職の壁などまるで意識せずに会話し始め、議論し、同じリーバイスの社員同士として学び合っていました」とエピソードが明かされる。増田さんのストーリーでは、以前の経験が新しい経験との比較の中でたえず生かされているように思われる。

組織開発は、変革のプロセスをいかにうまく生み出し、促進していくかが肝心な分野である。大事なのは内容よりはプロセスであり、それだけに多種多様なスキルが総動員される。増田さんはファシリテーション、コーチング、コンサルティング等々とスキルを挙げていったが（等々だからもっとある）、これらをバラバラにではなく、組み合わせて使っていく。これらを一〇年間かけて増田さんは身につけ、と同時にワールドクラスで通用する人になっていく。

サンフランシスコの本社での面接シーンはとりわけ印象深い。面接官に対して、増田さんがわからないことにはわからない、答えられないことには答えられないと言いつつ、「こういう話ならできます」と話題を変えていく方略が紹介される。こうしたインタビューのプロセスでさえ、一つのリーダーシップロセスだとしたら、「～なら話せます」という増田さんのイニシャティブによって、面接側の経営トップが「聞かせて下さい」と言った時点で、リーダーはしばしば入れ替わっている。特に面接官はダイバーシティに真剣に取り組むリーバイスの経営層なのだから、組織開発の理論についての知ったふうな回答より、日本法人での意識調査とその結果を踏まえたアクションプランの方により関心をもって耳を傾けただろう。

このようにして増田さんは、リーバイスで現地採用された後に本社に異動した初めての日本人となった。なぜそれがかなったのか、そのわけを内省し、またインタビューアーに質問もして、「違う視点を本社にもち込んでくれそうだ」「率直さやポジティブなところ、好奇心がありそうなところ」などと言語化していくあたりが内省的実践家としての増田さんらしい。「違う視点」を会社にもち込めるということは、それだけでリーダーシップの発揮に当たる。

モトローラの幹部との出会いは、私には単なる偶然とは思えない。増田さんは「誰とでも垣根なく気さくに話す私の『下町風アプローチ』が通じたのか」と話してもおられるが、強く望めば、誰とでも会えるという意味でイニシャティブの発揮と見るべきだろう。

英語で引き続き苦労していた増田さんに対して、ハース会長兼CEOが、社交辞令ではなく、適切で意味のある激励のメッセージを送る場面は、まるで映画の一こまを見るように鮮やかであり、心が温まる。これを機に増田さんは「自分の付加価値は何なのか」を考えるようになった。

付加価値とは何かを考えるとは、デリバラブル（deliverable）発想になるということである。日本の人事部門の人、特に一般人事の人は、人事の仕事について聞かれると、しばしば採用・配属・評価・給与・労務、はては裁判まで、「やっていること」「やろうとすればできること」を並べる。これはドゥアブル（doable）発想だ。デリバラブル発想の人事とは、自分がいることでラインマネジャーに、社員たちに、会社のビジネスに、ひいては顧客に「何がもたらされるか」を考えるということだ。

増田さんは自分の付加価値（デリバラブル）を、「カントリーの事情がわかること」「ビジネスがわかること」「日本人らしさを生かすこと」の三つに集約した。本社にいながらにして組織開発や人材育成の観点からカントリーに尽くせるＨＲの存在は貴重である。ビジネスへの精通は、増田さんのキャリアの出発点からの特徴であり、本社のＨＲを最適化するうえでも売りになる。日本人らしさは、次章でも増田さんの個人的信念として披露され、自身を導く理念にもつながっていく。

また「英語を言い訳にするのはもうやめよう」という自分への宣言からは、増田さんの覚悟が読み取れる。そういった腹のくくり方は増田さんらしいし、彼女のリーダーシップのとり方にもかかわってくる。

デリー、シンドリ、ヤヨイの「三羽ガラス」が「権威なき影響力」によってリクセッションプラン（後継者育成計画）を世界に広めていくくだりは、人材育成の立場から現場を説得していく、まさにリーダーシップのプロセスである。

だが、そうした「よい訓練」、あるいはシンガポールや東京での勤務をへて、増田さんは驚くべき選択をし、いったんキャリアの空白期間に入る。

第四章　自分自身のリーダーシップを磨く
――再び渡米、「筋肉」を鍛える旅へ

自分が見てきた狭い世界

――それにしても三年間とは、かなり長い空白ですね。

リーバイスをやめた私は定職につかず、肩書きなし、名刺なしで暮らしました。少しは不安になるかと思いきや、やってみたらとても楽しい三年間でした。仕事がなくても平気で生きていられるのも一つのスキルではないかと今では思っています。

とりあえず何もやることがないのですから、ボーッとしたり、テレビを見たり、アパートの大家さんの庭の草むしりを手伝ったり、本当に暇なときは蟻を眺めて半日ぐらい過ごしていました。蟻というのは社会的動物で、群れの動きを見ていると、行動のルールやコミュニケーションの仕方がわかって、なかなか興味深いものでした。

そのうち子どもたちのコーチングをボランティアでやるようになりました。といっても、近所の小学生たちの話が面白いからつき合っていただけなのですが、子どもたちにとって私は「話をよく聞いてくれるおばちゃん」だったらしく、それが口コミで広がって、放課後になると、毎日何人かが私の部屋に集まってくるようになりました。

もちろん貯金は減る一方でしたから、消費には敏感になりました。それもよい経験だったと思います。お財布がさみしくなると、友人の手伝いやちょっとした短期アルバイトをしてみたりもしました。

こうして暮らしてみてつくづくわかったのは、自分がいかに狭い世界で生きてきたかということでした。リーバイスにいた頃の私は、世界を股にかけて飛び回っているつもりでした。東京で生まれ育ち、就職するまで海外旅行もしたことがなかったのに、サンフランシスコで働き、シンガポールに移り、しょっちゅう出張でいろいろな国に出かけているうちに、自分の世界が広がったような気になっていました。パスポートにあふれる入国審査のハンコの数の多さを見て、「すごい、私って国際人！」と誇らしく思ったこともありました。

けれども、それはたまたまリーバイスでグローバルとかアジア太平洋に関する仕事をしていただけの話だったのです。世の中にはたくさんの企業があり、リーバイスはそのうちの一社でしかありません。それに社会は企業だけで成り立っているのでもないのです。テレビで国会中継やお笑い番組や主婦向けの情報番組を見ていると、私の知らないことがいっぱい放送されていました。自分はいかにいろいろなことを見逃してきたのかと思わざるをえませんでした。近所の子どもたちには子どもたちの世界がありましたし、アルバイトで知り合った人たちにもその人たちの世界がありました。そうか、私はリーバイスという狭い世界の中にいたにすぎなくて、世界全体を知っていたのではないのだと考え直しました。

この間、リーバイス時代の「遺産」を利用しなかったわけではありません。日本でもベンチマーキングが盛んになった頃で、外資系しかもＨＲ先進企業の本社で話題のリーダーシップ開発の陣頭で指揮をとった日本人がいるわけですから、さまざまな企業・団体から、リーダーシップ育成について話してほしいとか、サクセッションプランについて教えてほしいといった依頼が、ときどき舞い込んできました。講演先で知り合った企業から短期間のコンサルティングを頼まれ、楽しく働けたこともありました。

洗濯機や冷蔵庫を買い替えたいときなどには、知り合いを通じて、そういった仕事を探しました。しかし、相手先が戦術やソリューションを求めていた場合などには、やはり自分が「蛇口売り」になってしまうことへの抵抗感は消えませんでした。なので、企業研修のお手伝いやコンサルティングをするときは、「学びと気づきに基づいて行動できる力をつけること」にフォーカスすることにし、単に方法論を伝えるような話はしないように気をつけました。

ヘッドハンターからは外資系企業で働かないかというアプローチも多々ありました。けれども私はリーバイスがいやで辞めたわけではないので、どれも断り、人材市場からは意図的に引きこもりました。この意図的引きこもりは、後々、いろいろな人から「増田さん、一時期、行方不明ではありませんでしたか」と聞かれたくらいうまくいきました。

日本人のリーダーシップ

——その間、ご自身のリーダーシップについては、どのような内省をされていましたか。

一年ぐらい休もうかと思っていたら、あまりにも楽しくて二年がたち、そして三年目に入った頃でした。貯金がだいぶ減ってきたことや、さまざまな場所でやったワークショップやコンサルティングの評判が上々だったことから、私はリーダーシップ開発プログラムを自分でつくってみようかなと考え始めました。

すでにふれたように、私はリーバイスにいたときから、日本人の日本人らしさが、欧米人を中心とした組織の中では付加価値になるのではないかと薄々感じていました。日本人らしさとは、奥ゆかしさ、思いやりの深さ、謙虚さ、柔軟性、よくも悪くも空気を読んでしまいがちなこと、そしてしばしば悪い所だと言われる曖昧さ、物事の白黒をはっきりさせずに何でも受け入れてしまうことなども含まれます。そういったものを私たちが日本人の付加価値なのだと自覚して発信すれば、世界のバランスはよくなる、もっと言うと、日本人が自分たちの付加価値を発信しないことで、世界は損をしている、そんな考えをもつようになっていました。

私の頭の中に浮かんだフレーズは、「日本人が日本人であることに誇りと自信をもって、一〇〇%自分自身であることで、世界に貢献する」でした。そして、このフレーズにそったリーダーシップ開発、それも企業人材育成のためのものというよりは、個人で夢を果たしたい人たちを支援するようなプログラムをデザインしてみようかと思い立ったのです。

私はさっそくアメリカ人の知り合いにパートナーになってくれないかともちかけ、準備にとりかかりました。プログラムを開く場所も探し、ハワイや沖縄にロケハンに出かけたりもしました。そのうち国内にも賛同者が現れ、知り合いの知り合いがまた加わるというふうに仲間が増えていって、構想は具体性をおびていきました。プログラムの名前は「オーセンテイック（本物の）リーダーシップ」と決まり、商標登録をし、「authenticleadership.net」というドメインも取得しました。運営会社を立ち上げるつもりまではありませんでしたが、あのまま何の迷いもなければ、プログラムは実行に移されていたでしょう。

けれどもそこで、ふと違う思いがよぎったのです。リーダーシップ開発プログラムを立ち上げることが、本当に私自身がなすべきリーダーシップの発揮なのだろうかと。

ある日、私はプログラムの準備を手伝ってくれていた友人と多摩川の土手に座り、釣り人の背中を見ながら語り合いました。

日本人が世界に向けてリーダーシップを発揮するといっても、スポーツ選手や芸術家などはいても、企業人にはロールモデルがほとんどいない。私自身、リーダーシップ開発の専門家ではあっても、リーダーとして「世界に貢献」してきたわけではない。だとしたら、このプログラムをつくって実行する前に、私自身がリーダーになって、グローバルな規模でリーダーシップを発揮する仕事を経験した方がいいのではないか。それからリーダーシップを教えても遅くはないのではないか――。

そんなことを私は語りました。

友人は「そうだね、そういう機会があればいいね」とうなずいてくれました。

ヘッドハンターから電話がかかってきたのは、その会話の最中でした。そのヘッドハンターからは前にも転職の提案をもらっていたのですが、私はその勧めを断っており、以来、久しぶりの連絡でした。

「どうです？　あなたにちょうどよさそうな話が入ってきているのだけど、話だけでも聞いていただけませんか」

ヘッドハンターの口から出た社名が「ナイキ」でした。

スポーツ音痴

――ナイキで働こうとすぐ決められたのですか。

ナイキはワクワクするようなイメージをもった超有名企業ですが、働こうと決めるまでにはとても時間がかかりました。ヘッドハンターの話では、ナイキが探しているのはアジア太平洋地域本社の人事の責任者で、勤務地はアメリカ・オレゴン州とのことでした。あの頃のナイキでは、リーバイスとは事情が違って、アジア太平洋地域のリージョン機能がグローバルの本社と同じ場所に置かれていました。多くのアメリカ企業はリーバイス同様にアジア圏内にアジア太平洋地域本社を置きますが、アメリカ本社内にあるということは日々の行動やビジネスルールの基本はアメリカ本社のものですし、圧倒的にアメリカ人が多いので、リーダーシップを発揮し経営の方向性に影響力を及ぼすにはハードルが一段高いということになります。

アジア太平洋リージョンの人事ヘッドというのは、全社の中でもかなり上の方のポジションであり、その職務には採用・評価・給与・労務などの一般人事が含まれるとも説明されました。私は一般人事の仕事はリーバイスの日本法人で経験しただけでしたから、そこに中途でいきなり入るのは結構大変そうだなと思いました。

オレゴンで暮らすことに関しても躊躇《ちゅうちょ》しました。オレゴンはサンフランシスコと同じ西海岸にありますが、西部開拓時代に開拓者たちがロッキー山脈を幌馬車で越える「オレゴン・トレイル」を通ってたどり着いた場所であり、白人中心で封建的な土地柄だという印象を私はもっていました。そこに本拠を置くナイキと私がかつていたリーバイスは、消費財を扱う点では似ていても、社風はまったく異なっているかもしれないと思いました。

そして私がナイキへの転職話に二の足を踏んだ一番の理由は、私自身が「やらない・見ない・わからない」の三拍子そろったスポーツ音痴だということです。

ですからヘッドハンターの話を聞きながらも、どうにも実感がわいてきませんでした。

「アジア太平洋地域本社の社長が近く出張で日本に行くから、とりあえず会ってみてほしい」と言われ、一応ＯＫはしたものの、「私にこの仕事は無理だろうな」と思っていました。

しばらくして、アジア太平洋地域本社の社長と東京で会いました。私は自分の心境をすべて打ち明け、「どんな会社で働きたいかはまだ決めていないし、スポーツにも興味がありません。ナイキはすばらしい会社だとは思いますが、自分の就職先としてのイメージがわきません」とはっきり話しました。

地域本社社長はとても率直で人間味を感じさせる人でした。ナイキのよいところ・足りないところを正確に余すことなく語りつつ、ナイキの魅力を強く私にアピールしました。これは欧米企業のトップたちに共通する特徴で、彼ら彼女らは常に自分たちを「会社の顔」だと認識しており、自社の魅力をとても上手に表現します。下駄を履かせるような嘘はつきませんが、いたずらにイメージを下げるような発言もしないのです。

ナイキが探している人材について、彼は「グローバルな視野をもって組織開発やリーダーシップ開発ができて、アジア方面に詳しい人が欲しい。アメリカ国内だけでなく、世界中で探しているのだけど、なかなか決まらなくて苦戦している」と話していました。

ナイキは今でこそ誰もが知る世界的スポーツ用品メーカーですが、創業から四〇年余りの若い企業です。オレゴン大学の学生だったフィル・ナイトと陸上コーチだったビル・バウワーマンが設立したブルーリボンスポーツが前身で、当初は日本のオニツカタイガー（現アシックス）のシューズを輸入販売していたのが、その後、急成長、急拡大を重ねて、ライバルのアディダスをしのぐほどのグローバル企業になりました。ただ、大きくなるのがあまりにも速かったため、組織力の向上が急務だったようです。グローバル企業全般に言えることでもありますが、アジア市場の重要性がますます高まる中、アジアで優れた人材をいかに確保するかが課題だという話も出ました。

しかし彼の説明を聞き終わっても、私は「うーん、でも私なのかなあ、やっぱり私は適任じゃないかもしれない」とあまり気持ちが動きませんでした。

彼は「わかった。じゃあ一回本社を見にきてくれる？　それでこの話を進めるかどうかを決めよう」と言いました。

「彼女は一味違う」

——実際にナイキに行ってみた印象はどうだったのですか。

オレゴンには、二〇〇三年秋と翌二〇〇四年初めの二回行きました。

ナイキの本社は、オレゴン州最大の都市ポートランドから車で二〇分ぐらい行ったビーバートンという町にあります。レンタカーを運転して初めて本社を訪れたときの印象は忘れられません。私は思わず目をみはりました。

キャンパスと呼ばれる敷地内の中央には大きな池があり、あたり一面は芝生に覆われていて、森の中には四〇〇メートルトラックの陸上競技場、アメリカンフットボールのフィールドが二面、それに町中にあるのよりも大きい立派なジムが二つありました。建物は十数棟あり、オフィスビルやホールにはナイキがスポンサーになっているアスリートの名前がついていました。

オレゴンが一年で最も美しい季節は秋だと言われています。からっと晴れたお天気のいい朝、靄《もや》がかかる水面の脇を歩いていると、刈ったばかりの芝生の香りがさわやかで、それだけで幸せな気持ちになりました。

二回の訪問で、私はナイキのエグゼクティブ計二十数人と会いました。印象としては、みんな率直で人間的に魅力があって、私への質問は「価値観やこだわり」を問うような質の高いものばかりでした。同僚になるかもしれないアジア太平洋地域本社の人たちは、自分たちの部門が抱えている課題について具体的に話してくれました。「うちは今こういう状況なのだけど、あなたの経験に照らしてどう思う？」と、その場でコンサルテーションのようなやりとりが始まったこともありました。

全体的な印象は、カジュアルで元気がよくて明るくて、スポーツの会社らしく達成志向が強く、社歴の長い人が多い会社といった感じでした。また、この二度の本社訪問で、私はチームで働く楽しさ、みんなで一緒に成果を目指すワクワク感を思い出したような気がしました。

二度目の訪問のときには、ナイキブランドの責任者チャーリー・デンソンとも会いました。彼はちょうどダボス会議（世界経済フォーラム）から帰ってきたばかりでした。

私はチャーリーに、「もしもこの地球上からナイキという会社がなくなったら、人類は何を失いますか」と尋ねました。ナイキに受け継がれ、役員・社員に共有されている価値観、ナイキの存在意義を聞き出したかったのです。

彼の答えはこんな感じでした。「人類の歴史が始まって以来ずっとあって、最後まで残り続けるものは二つある。一つは音楽で、もう一つはスポーツだ。われわれはスポーツを通じていろいろなことができる。世界平和を実現できるかもしれないし、人権がもっと尊重される世界をつくれるかもしれない。ナイキがなくなったら、そのスポーツという灯火《ともしび》が消える」

チャーリーはナイキ創業期からのメンバーです。「ナイキがこんなに大きな会社になるとは想像もしていなかった」とも語っていました。

私は「わざわざ外部から私のような人材を採らなくてはならないのは、ナイキは人材育成を大切にすると言いながら、人を育ててこなかったからではありませんか」と、ちょっと意地悪な質問もしてみました。

彼は「もはや、長く社内にいる人たちだけでは発想が広がらない。われわれが必要としているのは、大きい組織をマネージするのがどういうことかを経験している人間、そして何より、ナイキに違う視点をもち込んでくれる人間だ」と言いました。

滞在中、私のそばにはエグゼクティブリクルーターと呼ばれる男性社員が付いてくれていました。エグゼクティブたちとの面接が終わる度に、彼は「どうだった？」と私に印象を聞き、逆に私からの質問にも答えてくれました。

チャーリーと会った後、私はその彼に「チャーリーは私について何か言ってた？」と尋ねました。

「彼女は一味違う。だから採らなきゃ（She is different. That is why we need her.）と言っ

ていた」と彼は教えてくれました。

あえて属性に言及するなら、二度の訪問中に私が会ったナイキのエグゼクティブたちは、ほとんどが白人で、およそ八割が男性、そして明らかに全員が英語を母国語とする人たちでしたので、その意味では私は「違う」存在でした。けれども、言うまでもなく、チャーリーが評価してくれたのは、私が女性であるとかアジア人であるといった属性による違いではありませんでした。そもそも属性の違いを評価して、その人を高いポストにつけるようなリスクを企業はとりません。むしろ私は自分のこれまでの経験と成果がグローバルに、リーバイス以外でも通用するものとして認められ、かつそれがユニークなものだと太鼓判を押されたと知り、うれしく思いました。

では私の何が違いだったのかというと、それは私にはよくわかりません。彼に対し、私は自分のよい面も悪い面も包み隠さず話し、思った通りをそのまま言い、疑問に思ったことは聞き、わからない点は確認しましたから、そういう態度が「違い」となって表れたのかもしれません。

いずれにせよ、チャーリーと面談した後、私はナイキでも「ありのままの自分」を出せばいいのだと気楽に考えるようになりました。ナイキのようにカルチャーが強く、しかも上級幹部層のほとんどが社歴の長い人たちで占められている会社に、中途で入るのはさぞかし大変だろうと予想はしましたが、向こうの上層部があえて異質な存在を採りたいと腹をくくっている以上、私もまた自分らしさや自分のやり方をもち込んでこそ、新たな価値が生まれると考えたのです。それに白人中心・男性中心のナイキは、もしかしたら、日本人ならではのリーダーシップが発揮できるかどうかを試せる最高の場所かもしれないとも考えました。前述した「ハードルの高さ」が私にとっては理想的な筋トレの機会だと思えたのです。白らグローバルリーダーとして「日本人が日本人であることに誇りと自信をもって、○○％自分自身であることで、世界に貢献する」。これができるかどうか実験させてもらおうという気になったのです。

私がナイキにお世話になる意思をほぼ固めた後、最初に私に会ってくれたアジア太平洋地域本社の社長はヨーロッパに異動しました。彼とだったら働きやすいだろうと安心していたので、私の心はまたちょっと揺れました。

しかし、そのとき手を差し伸べてくれたのは昔の仲間たちでした。当時のナイキ本社にはリーバイス本社から転職してきたエグゼクティブが二人いました。二人は「ヤコイがもつスキルセットはナイキにはないものだから、ぜひ来てほしい。あなたがいてくれたら千人力だ」と私を励ますとともに、後任のアジア太平洋地域本社社長に対しても「ヤヨイを絶対に採るべきだ」と進言してくれました。幸い、後任者は私が就く職務に対して前任者と同じ期待を寄せてくれており、また電話で話した感じでもとても気が合いそうでしたので、私は正式にナイキへの入社を決めました。

「ナイキは君がいなくても大丈夫」

——アメリカにいてアジア太平洋地域の人事を統括するのは、難しくはなかったのですか。

地理的に離れた場所から部下やチームを率いることを「バーチャルマネジメント」と言いますが、これはグローバルリーダーに不可欠な能力です。外資系の現地法人で採用した現地人が優秀でも本社の幹部に登用しにくいのは、この部分もひとつの要因と言えます。

リージョンの機能が現場近くにある方がいいのか、それとも本社近くにある方がいいのかは、一概には判断できません。アジア市場は成長の伸びが大きく、また常に激変していますので、本社に近い方がマネージしやすいとも言えますし、その企業が「中央集権的」か「地方分権的」かによっても事情は違ってきます。

私のナイキでのケースに限って言えば、本社に自分のオフィスがあったのは幸運でした。

リージョンの仕事をするうえでは、本社スタッフとのつながりがある方が影響力を及ぼしやすいからです。中途で入った私が、たとえば香港とかシンガポールに常駐してオレゴンと電話でやりとりをするとなると、そこに費やさなくてはならないエネルギーは非常に大きかっただろうと思います。

しかも私はたまたまアジア人で、リーバイス時代にアジア太平洋地域本社でバーチャルに働いた経験もありましたし、この地域の地理感もつかめていましたし、各国のビジネスや人事にまつわる基本的な慣習なども理解していたので、本社にいてもあまり不都合は感じずにすみました。もちろんオレゴンにいるデメリットもあって、出張の度にアメリカからアジア各国へ飛ばなくてはならず、移動はそれはもう大変でした。

採用された私の仕事の内容について、改めてお話ししておきましょう。

私の役職は、アジア太平洋地域本社の人事部門のとりまとめであり、世間で人事と言われる機能はすべて含まれました。組織開発や人材開発やリーダーシップ開発にとどまらず、採用・評価・給与・労務など一般人事の機能も担うことになっていました。

私は自分が付加価値を出す相手、つまり上司・同僚・部下をいずれも「クライアント」として意識するのですが、その視点で説明しておくと、まず上司はアジア太平洋地域本社の社長（先ほど私が採用された時期に交代したと言いました）、その人物が私にとっての大クライアントであり、任務を遂行するうえでの最大のパートナーでした。彼の方も、多くのアメリカ企業のトップがそうであるように、財務の責任者と人事の責任者を最重要パートナーと位置づけていました。

同僚は、アジア太平洋地域本社でマーケティングや商品や財務など各部門を取り仕切る部門長たちと、地域内各カントリーの社長たちで、この階層は私を含めリーダーシップチームと呼ばれていました。

部下は、アジア太平洋地域本社で私に付いてくれるスタッフと、各カントリーの人事部長たちで、ＨＲチームと呼ばれていました。そして各地で働くすべてのナイキ社員も、私が間接的に支援すべきクライアントに当たりました。

私は、自分にとっての最重要課題は、これらすべてのクライアントを育成し、組織力を上げることだと考えていました。上司や同僚を「育成する」と言うとやや違和感があるかもしれませんが、「その人の可能性を最大限に引き出し、能力を最大化する」と言い換えれば、わかりやすいのではないでしょうか。

言葉通りに「育成する」対象として最も大切だったのは、言うまでもなくＨＲチームでした。私がビジョンを示して戦略を立てたら、それを現場近くで実行に移してくれるのはこの人たちであり、私の仕事がうまくいくかどうかは、彼ら彼女らの能力と努力にかかっていました。

私の役目は、アジア太平洋地域の経営幹部チームの一人であり、また人事部門の責任者であると同時に、グローバルでナイキの地域全体に組織人事の専門家として貢献することも求められていました。

さて、このような気構えで私はナイキに入ったわけですが、いきなり鼻っ柱をへし折られるような出来事がありました。

ナイキ本社にはネルソン・ファリスという「最古参の社員」がいます。肩書きは社員教育のディレクターで、ナイキの歴史や文化については誰よりも知っている語り部、社員みんなから尊敬され、愛されている人です。

私は面接のときにもネルソンには会っており、入社翌日、改めて挨拶に行きました。すると、前回会ったときはとても気さくで楽しい印象だった彼が怖い顔をして、「Yayoi, Nike was fine without you. Nike will be fine without you.（ヤヨイ、ナイキは君がいなくともやってこられた。これからだってそうだよ）」と言い、黙ってじっと私を見つめました。

一瞬、私の頭の中は大混乱となりました。ぜひにと請われて入社を決め、オレゴンまでやってきたのに、初っぱなからそんなことを言われるとは、これは一体どういうことだろうとネルソンの言葉が脳裏をグルグルと回りました。

けれども、ネルソンから言われた言葉をかみしめているうちに、これは彼の私への愛情ゆえのアドバイスだと悟ったのです。ネルソンの言う通り、ナイキは商業的に大成功している会社でした。私はそれまでいなかった人材として認められ、自分のもつスキルや知識を必要とされてナイキにやってきましたが、べつに会社を再建してほしいとか、赤字を解消してほしいなどと頼まれていたわけではありませんでした。ナイキは世界中で躍進し、並外れた経営効率でばく大な利益を上げ、社員たちに高いボーナスを支給してきた会社であり、ネルソンの言うように、これからもきっとそうなのです。

そんな会社ですから、ナイキの社員たちはみんな自社のブランドに対する強い誇りを胸に働いており、私のような外から入ってきた人間が無理に自分のやり方を通そうとしたり、他社での成功パターンがここでも通用すると思って押しつけようとしたら、余計なあつれきが生じるおそれもありました。実際、ナイキは中途採用者の定着が難しいと、私は社外の友人から聞かされていました。そのことを意識してこそ、成功もしうるのだとネルソンは最初にヒントを教えてくれたのです。リーバイスで教育を受け、それを評価されたことに少し天狗になっていた私にとって、彼の言葉はギフトとも言うべきものでした。これをきっかけに私はネルソンにメンター（指導者、師）になってくれるよう依頼しました。

入社一週間後、途方もなく大きな会議場で、アジア太平洋地域のセールスマネジャー全員を集めた会議がありました。新任の私は壇上に立ってスピーチしなくてはなりませんでした。上から見ると、フロアの端の方は顔が見えないぐらい人々で埋め尽くされていました。私が責任をもつべき社員の数はざっとこの一〇倍はいるのだろうなと思いながら話し出すと、滅多に緊張しないはずの私の全身がふるえ、声もふるえてきました。なんでこんな仕事を引き受けちゃったんだろうと私は心の中で悲鳴を上げていました。

最初の九〇日間

――ナイキで働くようになってから、初めに何に着手されたのですか。

アメリカは9・11の同時多発テロ（二〇〇一年）以降、外国人がビザを取得するのにとても時間を要するようになり、ビザが取れるまでの間、私は国外で待機しなくてはなりませんでした。入社して三週間はオレゴンで働き、いったん日本に帰国してビザを申請した後、そのまま約半年、アメリカに入国できなかったのです。

しかし、これは私にとって願ってもないめぐり合わせでした。その間、私はナイキ日本法人のオフィスに間借りし、そこを拠点にしてアジア太平洋の各カントリーを見て回れたからです。もしもオレゴンにいたら、私がいくらアジア太平洋地域本社の人事ヘッドだといっても、入社早々そう頻繁に海外出張ばかりはしていられなかったでしょう。ところが私の場合、アメリカ政府の都合でビザ取得に時間がかかり、再入国が許されなかったのですから、大手を振ってアジアにいられました。おかげで二〇〇四年の六月から九月にかけて、じっくり各地を訪ね歩くことができました。各カントリーの人たちからは大歓迎され、ビジネスや組織の現状を細かく話してもらえましたし、一緒に食事をしたりして人間関係を築くことができたのもラッキーでした。

各カントリーを観察するにあたっては、何はともあれ、謙虚な視点をもとうと心がけました。それは私が組織開発にかかわるときの基本姿勢でもあります。第一章で述べたように、私は組織を見るとき、最初に何を維持すべきかを考え、次に何を新しく始めるべきかを考え、最後に何をやめるべきかを考えます。それは、その組織のこれまでの歴史や成果に対する認知がまずありきだと思っているからで、組織の過去を認知したうえで何をしていくかという視点をもてば、メンバーを巻き込みやすくもなるからです。そうではなく、いきなりゴリゴリと新しいことだけをやろうとする変革がしばしば成功しないのは、組織の過去を全否定するような雰囲気が出てしまうからだと思うのです。

その年の一〇月、私のビザがまだ取れていないことが考慮されて、リーダーシップチーム（アジア太平洋地域の幹部たち）のミーティングが東京で開かれました。その席で、私は約三カ月間かけて観察した感想をまとめた「My first 90 days @Nike Asia Pacific（ナイキ・アジア太平洋地域での最初の九〇日間）」というプレゼンテーションをさせてほしいと申し出ました。

プレゼンテーションをしようと思ったのは、周囲の人たちを巻き込んで自分の成果を出すにはどうしたらいいかということを、なるべく早い段階で考えたかったからです。もちろんネルソンの言葉は肝に銘じており、新参者としては最初の一年ぐらいは、早急に成果を挙げようと焦るよりは、周囲の話をよく聞くとか、引き続き観察を怠らないようにするといった選択肢もあったのかもしれません。しかし、プロフェッショナルとしての期待を背負ってシニアなポジションに迎えられた以上、どの道、結果は求められたでしょうし、この地域の成長のスピードを考えれば、一年間もじっとしている余裕があるとは思えませんでした。

プレゼンではまず、ナイキに入って感じたことを「!!!」「……」「???」の順にスライドを使って挙げていきました。見出しを記号にしたのは、できるだけ価値判断を込めないようにするためでしたが、あえて言葉で説明するとしたら「びっくりしたこと」「感じたこと」「疑問に思ったこと」ということになります。びっくりしたことは、社員みんなが元気でやる気満々で自社ブランドを愛していることなど、感じたことは、Eメールやミーティングやレポートが多いことなど、疑問に思ったことは、リージョンとカントリーの役割分担がいまひとつよくわからないことなどです。

挙げていった事柄は、どれも私の主観的印象にすぎません。私はべつに監査に入ったわけではなく、定量調査をしたわけでもありませんでしたから、びっくりしたこと、感じたこと、疑問に思ったことをそのまま話しました。チームのメンバーは熱心に話を聞いてくれ、私の観察に対して率直にコメントをくれました。メンバーとやりとりをしながら、スライドの文言を訂正した箇所もありました。

次に人材育成上の問題点と人事部門の課題について、ここはやや辛口に話しました。詳細は伏せますが、話し終わった後、「どうですか。私の現状認識は当たっていますか」と確認したところ、チームのメンバーからは「その通りだ」「残念だけど、当たっている」

「Welcome to Nike.」などと声が上がりました。

このプレゼンで、私はナイキでうまくいっていなかったかもしれない点をあげつらうつもりは毛頭ありませんでした。繰り返しになりますが、ナイキは商業的にうまくいっている会社であり、維持すべき点と変えるべき点を比較すれば、変えるべき点は少なかったと思います。

プレゼンの後半では、二〇〇八年までに実現するビジョンを示しました。

それは「アジア太平洋地域が、このリージョン域内で働く優秀な人材にとって最も働きたい場所、ビジネスの目標を達成するうえで必要とされる人材を常に引き留め、ひきつける組織だと位置づけられるようにする」という実にシンプルなものでした。

その後で、このビジョンを達成するための具体的な戦略案を示しました。さらに、ここまでプレゼンはまあまあ好意的に受け止めてもらえたようだったので、最後に私はリソース獲得の話に入りました。結果を出そうとするならば、人・お金・時間は欠かせません。ですから、戦略にのっとってやりたいことの優先順位を提示し、それにかかるリソースを要求したのです。

後に私はオレゴンに着任してから、同じスタイルでのプレゼンテーションを、本社の同僚たち、つまりアメリカのリージョンの人事ヘッドやグローバルの人事部門で働いている人たちの前でもやりました。結果は、アジア太平洋地域のリーダーシップチームの前でやったときと同様、とても好評で、おかげで私は同僚たちと早くなじむことができましたし、彼ら彼女らのサポートを得やすくなったように思います。

二回のプレゼンがうまくいったのは、やはり謙虚な視点をもち、なおかつ組織開発のプロとして観察して得た現状認識を仮説として出せたからだと思います。仮説が正確だという万全の自信はありませんでしたが、間違っていたらみんなが訂正してくれるだろうと私の方が心を開いて臨み、感じたことをそのまま述べたことも功を奏したようです。仮説が検証されたらビジョンと戦略をただちに示すのは、組織の長として当たり前のことです。当たり前のことを当たり前にやれば通るのだと検証されたこともまた、私にとっては仮説の検証でした。一連のプレゼンが終わった後は、みんなからもらったコメントをプレゼン資料に反映させるとともに、私のナイキにおける存在意義を明らかにするために、「ＨＲリーダーの出すべき成果と主な役割」という文章をまとめて、アジア太平洋地域本社の社長に読んでもらいました。

「成果」と「主な役割」を言語化して提示するというのは、私がリーバイス時代から常に意識してやってきたことです。よく社員の職務内容や責任範囲などをジョブ・ディスクリプション（職務記述書）の形で明記する企業がありますけれども、それとは違っていて、そのとき、その組織に、自分が就いている職務がある必要性は何なのか、裏返して言えば、自分がいなかったら会社はどうなるかということを考えて言葉にし、上司に示すのです。それをやることで、上司の私に対する期待値とのすり合わせができます。

このときは、私が出すべき「成果」は、「組織風土が自社の価値観を反映したものとなっており、組織の能力（人材・チームワーク・ビジネスプロセス・システム）が最大化されていて、業績が継続的に最大化されている」こととしました。

このように宣言することで、組織がその通りの状態になっていれば、私は自分の職務を果たしていることになり、その通りになっていなければ、私が本来の務めを果たしていないということが一目瞭然《いちもくりょうぜん》となります。「何をするか」ではなく、「どういう状態になっているか」というゴール達成イメージを宣言してこそ、必要な方策が立てられます。

「主な役割」には、

①リーダーを育て、組織の可能性とパフォーマンスを最大化する「リーダー」

②経営トップの意思決定を支援する「経営戦略構築・実施のプロセスファシリテーター」

③組織内のリーダーに組織・人事関連スキルを伝授する「専門家」
④全社員にとっての「サポーター」
⑤ＨＲチームの専門性と可能性を高める「コーチ」
の五つを挙げました。

地域本社社長はこれらの内容を了承してくれました。

多国籍・多言語チームのリーダーシップを磨く

――その後、いよいよ本格的な活動に入られたのですね。

すでに何度かお話しした通り、この頃のアジア市場の成長ぶりはすさまじく、中国を筆頭に驚異的なペースでビジネスが拡大していました。そのような勢いを反映し、どこの企業もこの地域における組織能力の飛躍的向上を図る必要性に迫られており、ナイキも例外ではありませんでした。

私がとった具体的方策は多岐にわたりますが、いつも言っていたのは、先ほど来、紹介してきた私の個人的宣言「日本人が日本人であることに誇りと自信をもって、一〇〇％自分自身であることで、世界に貢献する」の「日本人」を「ＨＲ」に、「世界」を「ビジネス」に置き換えたもの、つまり「ＨＲがＨＲであることに誇りと自信をもって、一〇〇％自分自身であることで、ビジネスに貢献する」ということでした。したがって、ナイキ・アジア太平洋地域のＨＲの人たちが誇りと自信をもてるようになるために必要なスキルや知識は何か、彼ら彼女らが一〇〇％自分自身でいられるためにはどうしたらよいか、ビジネスに貢献するためには何ができたらよいかといった視点を常にもち、その視点に立ってミーティングのデザインをしたり、トレーニングの仕組みを考えたり、リーダー発掘・育成のためのアプローチをつくったりしました。

とりわけＨＲチーム（各カントリーの人事部長たち）のチームビルディングにはかなりのエネルギーを割きました。その当時、ＨＲチームのメンバーは、東は日本、西はインド、南はオーストラリア、北は中国まで、約二〇の国・地域の人たちで構成されていました。当然ふだんはみんなそれぞれの地元で働いているため、一堂に会する機会は限られ、通常は、顔の見えない電話会議で連絡をとり合うしかありませんでした。私の側のチャレンジは、遠くアメリカ・オレゴンから、多国籍・多言語のチームをバーチャルでマネジメントすることでした。

どこの企業でも同じように、ＨＲの仕事にはその性質上、ときに孤独な面があります。同じ場所で働くチームであれば、アフターファイブに一緒に飲みにいって愚痴をこぼしたり、上司の悪口で盛り上がったりもできますが、このHRチームには物理的にそれができませんでした。ですから、ちょっと変なイメージかもしれませんが、オーストラリアの人事部長と韓国の人事部長が電話で私のうわさ話をささやき合えたり、仕事上の不満を言い合えたりするぐらい親密になれれば、チームとしては理想的だと私は思っていました。

ましてて、あの時代のナイキのように、ビジネスが急成長していて、あらゆるリソースが必要な時期には、頼りになって楽しく働けるチームの存在が不可欠でした。ですから、私はHRチームとはできるだけ頻繁に電話会議をし、たまにみんなが直接会える機会があれば、そのときにはチームビルディングを中心とした活動をしたり、体験型のアクションラーニングをして「共通の思い出」をつくり、メンバーが一緒に語れる言葉を増やそうと努めました。

私がナイキにいた四年間で彼ら彼女らに伝授しようと努めたスキルは、アクティブリスニングに始まり、フィードバックの仕方・受け止め方、目標設定の仕方、コーチング、ファシリテーション、チームビルディング、ミーティングデザイン、チェンジマネジメント、三六〇度フィードバックアセスメント、リーダー育成などリーバイスで系統的に学んだものがベースです。これらをそのときどきの年間事業計画にそって、あるいは三年先のナイキのビジネスを見据えながら、ＨＲにとっては必要で、現場のビジネスにとっては意義のありそうな順に選んでいきました。私が何よりも大事にしたのは、チームが一緒に楽しく学ぶことで、学びの底辺にはいつもＨＲチームにとってのチームビルディングがありました。

彼ら彼女らに対して、私は自分がもっている人材開発・組織開発・リーダーシップ開発にまつわるすべてのスキルを伝授したいと思っていました。私がそれまでに身につけていたありったけのスキルや知識を伝え、それぞれの国にもち帰って、自分で使ったり部下に教えたりしてほしいというスタンスで臨みました。ただし、私が一番こだわっていたのは、彼ら彼女ら自身のリーダーシップを磨いてもらうことであり、最先端のスキルや知識を吸収してもらうことではありませんでした。

洋の東西を問わず、人事部門の役割の中心は一般人事、すなわち日常的な事務処理だと思い込んでいる人はたくさんいます。けれども極論すれば、採用や給与の仕事はアウトソースできます。本来、人事部門が果たすべき最大の役割は、ビジネス部門の戦略パートナーとなって組織能力を高め、ビジネスの成果を生み出すことです。現実には、ごく少数の例を除けば、それができている企業は少なく、したがってそういった力がある人事担当者も少ないのですが、もしも人事担当者が本来の役割を果たそうとするならば、まず自分自身のリーダーシップを育てることが肝要です。

そしてコーチングやファシリテーション、その他の今挙げたようなスキルは、いずれも自分のリーダーシップが不在な状態では、その効果を最大限に発揮することはありません。これらのスキルは、いわば組織能力の向上という大きなジグソーパズルを埋めるピースにすぎず、バラバラに学んだからといって、それをもって組織能力アップにつなげるのは残念ながら難しいのです。これら各種のスキルを自身のリーダーシップの軸に統合できてこそ、組織にとって付加価値を出しうるHRの専門家、組織に対して影響力のあるHRのプロフェッショナルだと言えます。自分のリーダーシップを高めていくのは容易ではありませんが、カギは「何をするか」ではなく「どう在るか」でしょう。そういったことを私はHRチームのメンバーに対して重ねて念押しし、方法論だけにはけっして走らないようにしました。

楽しく学ぶということがイメージしづらいかもしれませんので、例を挙げましょう。珍しいところではセレブレイティング・フェイリアー（celebrating failure：失敗を祝福する）というものを——これはスキルというより組織風土的なものですが——意識的に実践してもらいました。

私がいたリーバイスの職場には、誰かが失敗をするとそれを自ら開示し、聞いた人は必ず

「そう、気づいてよかったね」と祝福してから、「ダメージをどう回復する?」「次にまた似たような状況が起きたらどうする?」「私に何かサポートしてほしいことはある?」などと尋ねる文化がありました。部下が上司に失敗を申告するだけでなく、上司も失敗したら部下に申告していました。しかも、こうした会話は実に淡々としていて、失敗がビジネスによほど大きなダメージを与えそうな場合を除けば、深刻な雰囲気のない中で、当たり前のように繰り返されていました。この「失敗を祝福する風土」は私自身が成長するうえでもとてもありがたいものでしたし、また失敗は成長に不可欠でもあるため、私としてはぜひ自分のチームにもとり入れたいと思ったのです。

ただし、こうした習慣はふつうの講義や体験学習で身につくものではないので、私はおもちゃを使ったトレーニングをしました。てのひらの形をしたプラスティック製の板が二枚重なっていて、振るとパタパタと拍手みたいな音がするおもちゃです。それをメンバー全員に一つずつ渡しておいて、最初に私が何か失敗をしてみせ、「ごめん、間違えちゃった」と申告して、みんなにパタパタパタと拍手してもらいました。その後はミーティングの最中に、誰かが失敗すると、その人は申告してみんなは拍手、別の人が失敗するとまた申告して拍手というように続け、勇気をもって失敗を申告した人にはちょっとしたプレゼントも配るなどして、この習慣を体でおぼえてもらいました。このような楽しく簡単なゲームは、多国籍・多言語のチームのメンバーたちにもわかりやすく、有効なアプローチでした。

ネルソンとの思い出も深く記憶に刻まれています。最古参の社員であるネルソンには重要な仕事があり、その一つは、世界中のナイキ社員たちにこの会社の文化や哲学を語って聞かせることでした。私はアジア太平洋地域にも彼を招き、しばしば同行して話を聞きました。彼のそばにいるうちに、いつの間にか私自身が誰よりも熱くナイキを語れるようになっていました。

C-3POではなくヨーダに

――HRチームが成果を出せるようになるために、ほかにどのようなことを意識していましたか。

あえて言えば、基本的なことをきっちりやっただけです。つまり三年後にチームはどういう状態になっていたいかというビジョンを示し、現在とのギャップを明らかにし、ビジョンに至るための戦略を立て、それを実施するためのスキルなどのリソースを明らかにする、そしてそれらのことを全員に理解できる形でコミュニケーションし、進捗《しんちょく》状況を見る方法も用意しておく、といった教科書通りのアプローチを丁寧にやりました。いかにチームにいかにビジョンをぶれのない形で伝えるか、一貫性のある戦略を立てて、いかにしてメンバーの日頃の行動をビジョンに向かわせるかという点には工夫も凝らしました。なぜなら、ご承知の通り、HRチームのメンバーである各カントリーの人事部長の中には、私と同じように英語が母国語でない人たちが多く含まれており、私は彼ら彼女らの育成を通じて、ひいてはアジア太平洋地域のすべてのカントリーの人事担当者たちを育成しなくてはならなかったからです。

こういう場合、一般的には「比喩」を使います。しかしその比喩は、どの国の人にも、どんなバックグラウンドの人にも正確に理解してもらえるものでなければ、逆効果になってしまいます。私の場合、ナイキにおけるHRの役割をより戦略的にし、またHRを組織をエンパワーする存在へと変容させていこうとしたのですが、そういうことは絵に描いて表したり、物語を使って表現しました。中でも理解してもらいやすかったのは、映画『スター・ウォーズ』に登場するキャラクターを比喩に用いて、変容の本質について説明したときでした。『スター・ウォーズ』には、C－3POというロボットが出てきます。正義の味方の主人公ルーク・スカイウォーカーの忠実なしもべであり、ルークに命じられたことは、たとえ火の中水の中とばかりに何でも引き受け（ときどき愚痴りながらではありますが）、せかせかと動き回る愛すべきキャラクターです。

対照的なキャラクターは、ルークの師となるヨーダです。かつての最強のジェダイ・マスターでありながら、動きは鈍く、言葉も少なく、しかしここぞというときに大事なポイントだけをルークに教え、励まします。ヨーダを精神的支えとしてルークは成長します。

私は、HRはC－3PO型からヨーダ型に変わっていきましょうと訴えかけました。頼まれたことは何でも献身的にこなすけれど、自発的に何かをすることのないC－3POのようなHRの人は、自らリーダーシップを発揮するのを遠慮しがちですが、そのままでは組織にプラスの効果をもたらせません。これに対し、ヨーダ型のHRは、あまり動き回らず、一見のんびりしているように見えますが、人々に勇気を奮い起こさせ、可能性を思い出させるような形でリーダーシップを発揮します。

C－3POとヨーダの対比は、多国籍・多言語のメンバーにとってわかりやすい比喩だったと思います。『スター・ウォーズ』は世界各国で見られているシリーズなので、C－3POやヨーダをもち出せば、オーストラリア人にもインド人にも韓国人にも中国人にも話が伝わりやすく、作品を見たことがない人に対してもわりあい説明しやすいのです。

変容をテーマとしたときのミーティングでは、記念の集合写真にＣ－３ＰＯとヨーダをコラージュして入れて配ったりもしました。これは単なる遊び心からではなくて、メンバーたちにこの二つのキャラクターの違いをおぼえておいてほしかったからでした。自分が写った写真はたいてい飾るかとっておくかします。そうすると、その人はいつでも写真を見れば、「そうか、ヨーダになるんだったな」と思い出せます。誰かに「なんで写真にＣ－３ＰＯとヨーダが一緒に写ってるの？」と聞かれたら、「うん、これからの人事はＣ－３ＰＯ型からヨーダ型へと生まれ変わらなくちゃいけないんだ。それはどういうことかというとね――」と説明することになります。写真を見て振り返ったり、自ら説明することで記憶をよみがえらせ、理解を深めてもらう効果を狙ったのです。

また、私が担当になってからの四年間は、ＨＲチームの歩みを「旅」にたとえ、壁紙サイズの大きな用紙に絵を描き続けて、メンバーたちが自分たちがたどってきた道のりを視覚的にもたどれるように工夫しました。これにはメンバー各自に自分たちの成果を認知してもらう意味もありましたし、旅の途中でチームに入ってきた新メンバーの仲間たちに早くチームになじんでもらうのにも役立ちました。

成果の出し方

――ご自身の成果についてはどうお考えですか。併せて、増田さんの仕事の進め方、成果の出し方のパターンがあれば教えて下さい。

私は、前述した「アジア太平洋地域が、このリージョン域内で働く優秀な人材にとって最も働きたい場所、ビジネスの目標を達成するうえで必要とされる人材を常に引き留め、ひきつける組織だと位置づけられるようにする」というビジョンに基づき、各カントリーの主要ポストの現地採用者比率アップや、リージョンの部門長クラスにおけるアジア太平洋地域出身者比率のアップ、各カントリーの事情に応じた多様性の実現などについて具体的な数値目標を立てていました。結果的にそれらは私がいる間にすべて達成されました。

といっても、私はけっしてマジシャンではありません。すでに見てきたように、仕事をするうえでは、どちらかというと基本的なことを丁寧に進めていきます。

仕事の進め方・成果の出し方に特徴的な点があるとすれば、いつも決まった方法をとるのではなく、組み合わせ自在の「総合ワザ」を即興的に用いることだと思います。前章で挙げた組織開発・人材開発の各スキルを相手や状況に応じて組み合わせて使うことによって生かします。

組織のトップやビジネスリーダーと話す際、私はまずコンサルタントやエグゼクティブコーチとして彼ら彼女らと向き合います。具体的には、話を聞きながら、ビジネスの状況や組織の状態を口頭で、あるいは視覚的に整理して、課題を抽出していくというコンサルティング的アプローチをとりつつ、トップやリーダーの組織へのかかわり方にも目を向けて、彼ら彼女らが大事にしている価値観やこだわり、行動特性も観察し、その人たちのリーダーシップの発揮の仕方にも言及していくコーチング的アプローチをとります。

そうすると、出てくる問題解決策は、システムにかかわる方法、ビジネスプロセスからの方法、組織風土から手をつける方法、人材に関する方法など非常に多岐にわたることになります。それらの中から最も効果的なオプションを選んでいけるわけです。

そういったオプションの中には、ミーティングデザインも含まれます。たとえばトップやビジネスリーダーや、さらにはその部下たちが全体としてどう動くかということが課題となった場合には、彼ら彼女らがそういう気づきを得て行動につなげられるような会議や会合を私がデザインします。実際の会議・会合の場では、ファシリテーターも務めます。私の考えでは、ファシリテーターの役割は、会議を仕切ることではなく、参加者すべてが会議の結論について自分たちが出した結論だと納得し、自らその結論にコミットできるような会議にすることです。会議において、ファシリテーターはなるべく自分自身の姿が見えない方がいい、影が薄ければ薄いほど成功だと思っています。

このように総合ワザを使い、ビジネスの状況や組織の状態を包括的に見ると、ハード・ソフト両面での最短最適のソリューションが探しやすくなります。

ひとたび問題解決の方向性が決まった後は、プロセスファシリテーターとして、その全体の進め方を考えたり、プロジェクトの設計図を描いたり、組織内で行われる個別のミーティングそのものをファシリテートしたりもします。と同時に、私の場合、組織開発や人材開発については、私自身が全面的にリードします。もちろん、それらはビジネスの中身に密接にかかわる形で進めますので、組織開発・人材開発をあくまでもビジネスの一環として実施することも容易となるのです。

私はリーダーシップ理論の入門編と実践へのヒントは前述したようにクーゼスとポスナーに学びましたが、組織開発とリーダーシップ開発で最も影響を受けたのは、先に挙げたP・ブロックからかもしれません。その理論やアプローチを学べたのはもちろん、彼の在りよう、一〇〇人を前にして黙って穏やかに立ったときの圧倒的な存在感にふれることができ、彼がオフィスを去った後に自分の中で起こる「細胞レベルでの気づき」を体感できたのは、得がたい経験でした。

ブロックはエンパワーの体現者であり、社内コンサルティングの仕方においても、彼から学ぶところはとても大きかったように思います。その極意は、私がいなくても回るようにすることです。そのためクライアントに対しては、必要な知識やスキルを使いながら伝授し、ソリューションを提供していました。それがブロック流のエンパワーメントです。

グローバルリーダーの条件

――グローバルな組織でリーダーシップを発揮するには、どんなことがポイントになりますか。

私にとってナイキにいた四年間は、グローバルな組織でリーダーシップを発揮する楽しさ・難しさを学べた時期でした。

グローバルリーダーにはまず専門家としての力が必要です。仕事が超一流であること、自分だけが提供でき、どんな組織でもどこの国でも世界レベルで通用する価値をもっていることが求められます。

人間力も欠かせません。誠実で、己をよく知っており、言ったことは必ずやり遂げる言行一致を貫いてこそ、フォロワーの信頼を得ることができます。

そのようなリーダーに人がついてくるとき、リーダーシップは結果において成り立っていると言えます。人がついてくるのは、リーダーならば当たり前だと思われるかもしれませんが、いくら肩書きが立派でも、フォロワーが喜んでついていっていなければ、その人は真のリーダーとは言えません。フォロワーが思わずついていきたくなるかどうかは、リーダーがビジョンを示してフォロワーをわくわくさせられるかどうか、このリーダーなら信じようとフォロワーに思ってもらえるかどうかにかかっています。

以上は、どのような環境に置かれたリーダーにも共通する条件であり、グローバルリーダーは、これらを自国の外で、多国籍なチームに対し、母国語以外を用いながら再現し、なおかつ自分もまたグローバルリーダーを育てなくてはなりません。

そこで大切となるのがコミュニケーション能力です。ただし、コミュニケーション能力とは、英語が流暢《りゅうちょう》かどうかではなく、多国籍・多言語の人たちに向けて自分の言いたいことを伝えられるかどうかを意味します。英語がいくらうまくても、相手が理解できるような伝え方ができない人は、コミュニケーション能力は高くありません。逆に、英語がそれほど流暢でなくても、図表や絵をうまく使うことで相手が理解しやすいような説明ができたり、エネルギーのある話し方によって自分の思いを伝えられる人は、コミュニケーション能力は高いと言えます。

先ほど『スター・ウォーズ』の話をしたように比喩の用い方も大事です。極端な話、国籍の異なる二〇人に言いたいことを伝えるためには、二〇回ではなく、二〇通りの言い方や方法で伝えなければ、すべての人の腹に落ちないこともあります。そのことをよく知っている人はコミュニケーション能力の高い人であり、グローバルリーダーとしての資質の一つが備わった人です。またコミュニケーションに使うメディアも口頭だけでなく、図表・文書・メール・電話・テレビ会議・各種プレゼンテーションなどと状況や相手に応じて使いこなせることが大切です。

さよならナイキ

――ナイキを去られた理由とその後のことについてお聞かせ下さい。

もともと私は、ナイキでは三年間で自分なりの具体的な成果を出したいと思っていました。そのことは「最初の九〇日間」のプレゼンテーションなどでも表明していました。この目標は三年目を過ぎた頃にほぼ達成でき、私がつくった仕組みなども軌道に乗り始めました。私には自分の役目は果たしたという自負もありましたし、自分自身のリーダーとしての「筋トレ」も次のステージに移行できたと実感できました。

私はふだんから、「自分は会社員である前に人間である」（これも両親から教わったことです）ということを意識して、人生のバランスをとるように心がけています。そういうこともあって、そろそろ日本に戻って両親の近くにいたいと思い始めました。両親は特に緊急のサポートは必要としていませんが、ひとりっ子である私が国内にいないことで心細い思いをさせていることはわかっていました。ですから、両親のより心安らかな老後のため、国内にいたいと願うようになったのです。

ナイキをやめようかと迷い始めた私に、仲のいい同僚がすばらしい言葉をくれました。

「ヤヨイ、人生には二種類のボールがある。会社というボールはゴムでできている。だから落としてもまた跳ね返ってくる。家族や友人というボールはガラスでできている。だから、一度落とすと（割れてしまうので）跳ね返らない。あなたのしようとしている選択は人間として尊いものだ」

ナイキにとって人事部門長の代わりはたくさんいても、父と母にとっては子どもは私ひとりだけしかいません。そういう視点に立っても、退社は難しい選択ではありませんでした。

ナイキを離れる最後の日、かつて「ナイキは君がいなくても大丈夫」と言った敬愛するネルソンが、忘れられない言葉で私のオレゴンでの生活をしめくくってくれました。

「Nike will not be the same without you.（君が去ったら、ナイキはちょっと違う場所になる）」。私の存在に対する彼の最大級のリコグニションがうれしくて、私は声をあげて泣きました。

私の帰国後、両親は長年住んでいた家を離れました。今はゆっくり時間をかけながら、より快適で安心して暮らせる環境に慣れつつあります。その様子は、私から見ると見事なチェンジマネジメントでもあります。過去に感謝しながらサポートする私は、組織開発のスキルを一番大切な家族のために使うことができており、一緒にそのプロセスを味わえる喜びをかみしめています。離れて暮らしていたらとても聞けなかったような両親の思い出話にゆっくり耳を傾けられるのもありがたいことです。ナイキをやめることに悔いはなかった私ですが、やめるという判断が私にとってここまでよいことだったとは、やめてみるまでわかりませんでした。

日本に戻った私は再び、定職なし、肩書きなし、名刺はメールアドレスを書いたものだけというフリーターに戻りました。

前回の三年間のフリーター生活を「キャリアの空白」と言われることもあるのですが、私自身は、「空白」ではなく、むしろとても大切なキャリアの一ページだったと思っています。キャリアを職歴とか経歴といった狭義でとらえれば空白かもしれませんが、職場だけでなく家族や友人も含めたコミュニティの一員として自分の能力を発揮し、自分らしく周囲に貢献していくことと広義でとらえれば、とても価値のある時間だったからです。

そういう意味では、今回もとても意義のある時間になっています。講演などのお呼びがかかると出向いたり、口コミでアルバイトをしたり、「日本を学ぶプロジェクト」と称して久しぶりの母国を楽しく観察したりと、いろいろなことをしています。前回と少し違うのは、できれば次は日本企業で何かお役に立てないものかと思っており、ゆるいながらも就職待機状態にあることかもしれません。

◎本章のまとめ（金井）

私はこれまで、キャリアはその節目だけをデザインすれば、節目と節目の間はドリフトしてもいい、もっと言うとドリフトした方がいいと主張してきた。ドリフトには、流れの勢いに乗っているという積極的な意味と、ときには流されているという消極的な意味がある。しかし、頑張っている限りチャンスは広がる。だからこそ、節目のデザインでは迷っていても、節目を越えたら「アクション」がキーワードだと考えてきた。

ただその一方で、私は保守的にも俗説と同様に、キャリアの空白の時期はつくらない方がいいと思い込んでいた。だから、三年間という長期の空白をうまく生かし、バイト生活も、蟻を見つめて半日過ごすのも平気だったという増田さんの柔軟な発想と行動には、非常に興味をそそられた。蛇口売りにはなりたくない、講演などのバイトは耐久消費財を買うときだけなどとは、ふつうの人ではなかなか言えない。ボランティアのコーチングを通じて子どもたちに好かれたという話も面白い。

増田さんの場合、空白の三年間は、リーダーシップを培う期間であったと考えられる。それは、（リーバイスにいる間）「自分がいかに狭い世界で生きてきたか」「自分はいかにいろいろなことを見逃してきたのか」などの述懐の言葉からもうかがえる。東京でテレビを見ていて「知らないことがいっぱい」放送されていると気づき、アルバイトで知り合った人たちにも「その人たちの世界」があると知る。その感性はとても豊かだし、増田さんがグローバルでリーダーシップをとるために、よい準備期間を過ごしたことがうかがえる。

フリーターとして過ごした時期に、増田さんは「日本人らしさ」が世界のひずみを直すのだというスケールの大きな発想から、「日本人が日本人であることに誇りと自信をもって、一〇〇%自分自身であることで、世界に貢献する」というフレーズを思い浮かべ、これを自分のミッションとして掲げる。この言葉自体が素敵だが、こうした言語化の力もリーダーには欠かせないものだ。

その後、いったんリーダーシップ開発プログラムを立ち上げようとするものの、そうではなくて、自分がリーダーのロールモデルになるのだと（私が見るに自然体で）思い直したという点もすごい。リーダーシップ開発プログラムとリーダーシップ発揮の違いは、やはりビジネスを知っている人だから語れる言葉だと思う。そんなとき、ナイキへの転職話がヘッドハンターから寄せられるとは、これもまた究極のシンクロニシティだろう。

ナイキへの入社を決めるまでに、増田さんはかなり時間をかけた。自分がナイキで働くことに違和感を抱いたがゆえに、なぜ自分が求められているのかを知ろうと時間をかけた。

面接時の逸話では、ダボス会議に呼ばれるようなチャーリー・デンソンにずばっと放った「もしもこの地球上からナイキという会社がなくなったら、人類は何を失いますか」という質問がすばらしい。そう尋ねた理由を、増田さんはナイキの価値観や存在意義を聞き出したかったからと語った。私には、増田さんがナイキで働くかどうか、その「覚悟」を決めるための重要な問いだったとも思える。

さらに増田さんは「わざわざ外部から私のような人材を採らなくてはならないのは、ナイキは人材育成を大切にすると言いながら、人を育ててこなかったからではありませんか」と尋ね、デンソン氏をして「She is different.」と言わしめた。こうしたやりとりには小説レベルの迫力が感じられるが、面談後、ディファアレントの意味を探ろうと内省する姿勢はあくまで真摯だ。そのまんまの自分を出せばいい、自分のやり方をもち込んでこそ、新たな価値が生まれると肩ひじを張らないところも、何度も言うが、自然体で増田さんらしい。

ナイキに入った増田さんは最古参の社員ネルソン氏から「Nike was fine without you. Nike will be fine without you.」ときついひと言を突きつけられる。愛情あふれるアドバイスとはいえ、迷った末に腹をくくり、これから頑張ろうと思っていた矢先にである。このエピソードは、増田さんがナイキをやめて帰国した後、初めて神戸大学に私を訪ねてこられた折にも聞かせていただいた。当事者でなくとも、一度聞いたら忘れられないほどのすごい言葉だと思った。読者のみなさんも、「君がいなくてもうちの会社は大丈夫だった。これからだってそうだ」と言われたらどう感じるか、ぜひ考えてみてほしい。

ナイキで働き始めてからのくだりでは、増田さんが付加価値を出す相手（上司・同僚・部下）をいずれも「クライアント」と呼ぶことがさりげなく語られる。その理由を聞いても、たぶん彼女は「当たり前ですよ」と答えるだけかもしれないが、こうした考え方は、リーダーが実現を望むミッションを奉仕の名のもとに掲げ、フォロワーに尽くすサーバントリーダーシップに通じると私は見た。

「9・11」の後、ビザを取るのに時間がかかったことは、増田さんにとっては僥倖だったに違いない。その間の三カ月でアジア太平洋地域をじっくり観察でき、プレゼンテーションに臨めたからだ。このプレゼンで増田さんは、ナイキに来て「びっくりしたこと」「感じたこと」「疑問に思ったこと」の順番で感想を挙げていった。ここから想像できるのは、どうやら増田さんは、「考える（think）」よりも「感じる（feel）」を大事にする人らしいということとだ。ちなみに、このようなプレゼンの実行や、その直後の地域本社社長への文書（「ＨＲリーダーの出すべき成果と主な役割」）提出のような場面を、Ｍ・ユシームやＪ・バダラッコは「リーダーシップの決定的瞬間」と呼ぶ〔9〕〔10〕。

ＨＲチームの育成のくだりは、一般人事（トラディショナルＨＲ）と戦略人事（ストラテジックＨＲ）を対比した考察としても読める。前者の仕事はいわゆるアドミニストレーションであり、ルーティンであり、組織能力を築き上げたりはできない。後者は組織開発や人材育成を通じて組織能力を涵養《かんよう》する。増田さんが目指したのはもちろん後者である。

ここで増田さんは、ＨＲチームにコーチングやファシリテーションを学んでもらったのは、最先端のスキルや知識を吸収してもらうためではなく、彼ら彼女ら自身のリーダーシップを磨いてもらうためだったと述べている。これも多くの読者にとっては、目から鱗《うろこ》の話に違いない。似た話として、私の師でもあるＭＩＴ（マサチューセッツ工科大学）のエドガー・Ｈ・シャイン先生も、プロセスコンサルテーションをジェネラルマネジャーの役割の一つとして明確化している。

人事部門の役割について、Ｃ－３ＰＯからヨーダへの変容にたとえた説明もすばらしかった。誰もが知っていて、対比が明確で、教訓となり目標となる。ビジュアルがしっかりしているのでチームのメンバーにとっての共通の思い出にもなりやすい。

　ナイキを去ることは、増田さんにとってまたキャリアの節目となった。ご両親の引っ越しとその後の生活のサポートを、組織開発のプロの目でチェンジマネジメントとしてとらえる見方がまた非常に興味深い。増田さんは「キャリアの空白」を恐れない。そもそもそれを「空白」ではなく、人生を充実させるために欠かせない時期だと考えている。こうした時期に積んだ体験もまた、彼女が自身のリーダーシップを育むうえで役立っているのである。

第五章　グローバル時代のリーダーシップ

思い込みの枠を越える

金井□前章まで、増田さんがリコー、リーバイス、ナイキと、成長を繰り返しながら働いてこられた日々について振り返っていただきました。ここからはリーダーシップに焦点を当てながら、話を進めていきたいと思います。この章ではまず、増田さんが歩んだキャリアから、どのようなリーダーシップ特性が見出されるかについて話し合いましょう。

紀貫之の『古今和歌集仮名序』の冒頭に「花に鳴く鶯、水に住む蛙の声を聞けば、生きとし生けるもの、いづれか、歌を詠《よ》まざりける。力をも入れずして、天地を動かし、目に見えぬ鬼神をも哀れと思はせ、男女の仲をも和らげ、猛き武人の心をも慰むるは、歌なり」とあります。和歌の本質を表した一文とされていますが、「力をも入れずして、天地を動かし……武人の心をも慰むる」のくだりは、増田さんのような生き方・働き方にも通じるところがあるのではないかと私は思っています。

増田さんはグローバルな巨大企業でとてつもないお仕事をされていながら、いつも自然体でおられるように見えます。苦労や努力はたくさんされてきたのでしょうが、ご自身が壊れてしまうほどの無理はしておられず、正しいことをきちんと、しかも楽しみながらやっていて、いつの間にか多くの応援団を得られたのではないかと想像されます。

そうしたリーダーシップの在り方は、世間にステレオタイプとして広く流布しているハードなリーダーシップ、つまり大声を出して、部下の胸倉をつかんで、力まかせにぐいぐい引っ張っていくタイプのリーダーシップとは一味違います。そのあたりのことをこの対談ではぜひ紹介したいと思っています。ニーチェ風に言えば、「この人を見よ」という感じです。

増田■私は帰国子女ではなく、海外留学の経験もなく、ましてMBA（経営学修士）でもないのに、外資系企業の本社でシニアなポジションに就いていましたから、珍しいとお感じになる方は多いと思います。確かに、もし二五歳だったときの自分が今の私を見たら、「なんだかとんでもないことになっちゃってる」と驚くだろうなという気はします。

でも、私はグローバル企業で働いてきたとはいえ、べつに社長を務めたわけではありません。私がこれまで発揮してきたのは、あくまでも「ふつうの管理職のリーダーシップ」です。金井先生がおっしゃるように「自然体」と言われることは多いのですが、自分ではまったく意識したこともありません（自然体で振る舞おうと意識したら、それは自然体とは言えないので当然ですが）。ただ、自分自身に誠実であろうとは心がけており、自分を何らかの役にはめて演じたり無理したりはせずに、率直に自分のあるがままでいようとしています。そのままの自分を脚色せずに表現することが相手に対しても誠実だと思うからです。

金井□子どもの頃とか学生時代から、リーダーシップを発揮するタイプでしたか。

増田■下町風のおせっかいな感じや世話焼きな感じはあったと思いますが、リーダーシップを発揮していたとは思いません。ほんとにお気楽な学生でしたから。リコーに就職してからは、お給料分は働かなくちゃと思っていましたが、かといってリーダーシップを意識していたかというと、そうではありませんでした。お話しした通り、新人のときに資料スペースをつくったときも、周囲に情報がよく行き渡るようにしたいという思いはあったにせよ、やはり自分が楽をしたいということの方が理由としては大きかったのです。

金井□本人が意識していないままイニシャティブを発揮するというのは、リーダーシップの入門編としては一番いいと思います。最悪のダジャレを言わせてもらうと、リーダーシップは「言い出しっぺ」になることだと私は考えています（笑）。ただ、実際にはそういったイニシャティブを発揮できない若い人も多くいます。何かアドバイスはありますか。

増田■イニシャティブを発揮しづらいのは、自分で自分を枠にはめてしまっているからではないでしょうか。「私は新人だから、こういうことを言ったら失礼に当たるんじゃないか」とか、「商品企画担当の自分がこんな提案をしたら、設計担当の人が気を悪くするんじゃないか」というふうに。しかし、こういった枠は、自分の思い込みである場合がほとんどです。会社や組織の中で決められた枠なんて実はそれほどないのですから、自分ではめた枠はどんどん外していった方がいいと私は思います。でなければ、いつまでも小ぢんまりしたままで、自分の成長につながりませんし、本当の枠を越えそうになったら、誰かが「こら」と言って止めてくれますから、大丈夫ですよ。

それと、イニシャティブを発揮して、その結果、失敗したらどうしようと恐れを抱く人もいるのかもしれませんが、イニシャティブを発揮する場面というのは、まだ誰も期待していないことをするときです。私が資料スペースをつくったとき、リコー本社にまだそれはなかったのですから、資料をまとめて置く場所があったらいいとは誰も期待していませんでした。たまたま資料をまとめる担当だった私の頭の中だけに、そのアイデアはあったのです。だから私が管理課長にかけあって、もし「ダメだよ」と言われても、誰もその失敗をとがめたりはしなかったでしょうし、失敗と言われることもなかったでしょう。もともとなかったものができなかったとしても、それは期待を裏切ることにはならないからです。

イニシャティブは会社や組織のためによかれと思って発揮するものです。たとえ失敗に終わったとしても、会社や組織のためを思ってやった結果ですから、成果はゼロで終わるのではなく、〇・一か〇・二ぐらいにはなります。失敗から学ぶこともできます。そして万が一、当たったら、五や一〇の成果につながる可能性があります。だから失敗を恐れる必要はないのです。

気づかないうちに旅に出ていた

金井□秘書の経験はどう役立っていると思われますか。向いていなかったとおっしゃいましたが、誰かが仕事をしやすいように尽くす仕事は、サーバントリーダーシップにつながると私は見ているのですが。

増田■あまりにもしっちゃかめっちゃかでしたから、あまりそういう見方をしたことはありませんけれども、本部長を楽にするのが私の仕事だと自分に言い聞かせていました。本部長は私の何倍もの給料をもらっている人なのだから、この人の時間を無駄にしてはいけない、この人に代わって雑務を処理するのが私の仕事なのだと理解はしていたのです。ですから、本部長宛にファクスで送られてくる英語の書類は、辞書を片手に一生懸命読みましたし、わからない箇所は担当部長に聞きに行って解説してもらったりして、なんとかお役に立とうとしました。

金井□その後、ジョイントベンチャーの仕事をされました。そこでゼロから事業を立ち上げた経験もリーダーシップのよいレッスンになったのではありませんか。

増田■一緒に働く人がみんな上層部の人たちばかりで、私は二〇代なのに、隣に本社の社長や専務が座ることもありましたので、最初は戸惑いました。しかも、そういうえらい人たちは、毎日、ジョイントベンチャーのオフィスにいるわけではなかったため、私に貢献できることは何なのだろうかと真剣に考えました。大きな決断にかかわる場面では私の出る幕はないだろうけれど、えらい人たちには見えなくて、私にだけ見えていることがあるとしたら、それは何だろうというふうに常に考え、発言するようにしていました。

金井□そうした状況もあって、大所高所に立って全体を見渡すクセ、「社長目線」がより鍛えられたのでしょうか。

増田■「社長目線」は後づけの説明で、当時そんなおこがましいことを考えていたわけではありません。ただ、今振り返ると、そういう仕事のやり方をしていたとは思います。二〇代の社員にしては高い視点をもち、常に全社のことを考えて働いていたと言う方がいいのかもしれません。

金井□本質的なところに興味の矢印を向けて、「それはどういう意味がありますか」「誰にとってよいことなのですか」などと尋ねる、というお話がありました。これらは、上司によってはあまりされたくない質問の一種でしょう。

増田■心地よくないと感じていた人はいたのかもしれませんが、私が全社のためを考えて言っていることがわかっていただけたのか、しかられたことはありません。しかし、おっしゃるようにこうした質問の仕方には注意が必要で、相手と対峙《たいじ》して詰め寄るように聞くのではなく、できれば横に並んで、ちょうど同じ絵を見ているような感じで質問するように気をつけています。そうすると、「あなた」についてどうこう言いたいのではなく、「一緒に見ている絵」について聞きたいのだということが相手に通じやすくなります。相手に質問するというよりは、「私たち」を主語にして、自分たちに対する質問に一緒に答えるような姿勢になれるのです。

金井□増田さんがグローバルリーダーシップの旅への第一歩としてＨＲへの関心をもつようになったのは、このジョイントベンチャーでの経験が大きかったのですね。

増田■結果的にジョイントベンチャーが失敗したことで、初めて人事の世界に関心をもつようになりました。お話ししましたように、リコーのパートナーであったＡＴ＆Ｔは日本に社員を送り込むのは初めてでした。そのため、あちら側からの駐在員たちは、ただでさえ勝手のわからない日本マーケットに翻弄されていただけでなく、このジョイントベンチャーでの経験が自分たちのキャリアにどう影響を及ぼすのかを心配しているように見えました。実際、ジョイントベンチャーの清算が決まると、ＡＴ＆Ｔ側の社員たちは本国の親会社での次の職場を探すのに苦労していました。

リコー側も事情は似ていました。海外の企業とのジョイントベンチャーを立ち上げ、マネージした社員は稀有《けう》の存在だったと思うのですが、その価値がちゃんと認められているのだろうかという疑問は私の中で拭《ぬぐ》えませんでした。当時、私はキャリアプランとかローテーション人事といった言葉は知りませんでしたが、何かこう、もっと意義のある人事異動ができないものかと思ったのです。

金井□世界中の英雄の神話を研究したジョゼフ・キャンベルは、すべての英雄は旅に出る、旅に出て何かを成し遂げて英雄になると述べており、私はこれを、すべてのリーダーは旅に出る、旅に出て何かを成し遂げてリーダーになると言い換えています〔11〕。さらに言うと、英雄の中には、自分ではそうと気づかないうちに旅に出た、たとえば鹿と出会って、追いかけているうちに森の中に迷い込んで旅が始まったというようなタイプがいます。私は、リーダーも自分では意識しないうちに旅に出ていることがあるように思うのですが。

増田■私にとってもリーダーシップは旅、学び続け、成長し続ける、終わりのない旅です。自分では気がつかないうちに旅に出ていたというのもまったくそうですね。

失敗を恐れない・助けを求める

金井□リコーで人事部門に少しおられた後、リーバイスにヘッドハンティングされたわけですが、その時点でも、ご自身がリーダーシップに入門しているとは意識されていなかったということですね。

増田■リーバイスでは最初に三六〇度フィードバックを受けました。といっても、入ったばかりで社内に回答してもらえる人がいなかったので、リコーの元の同僚や上司や部下に頼んで回答してもらいました。その結果、私のリーダーシップ行動特性のスコアがかなり高く出ていたのをおぼえています。私自身は自分のリーダーシップを自覚していませんでしたが、会社や組織のために正しいことを一生懸命にやり、丁寧に仕事をしてきた結果として、リーダーシップを発揮していたのかもしれません。

　付け加えておきますと、このとき私は三六〇度フィードバックを受けたことで、こうした客観的ツールが自分の成長にいかに役立つかということにも気づきました。その後のキャリアにおいても、こうしたツールを定期的に活用して自分の行動を振り返り、リーダーとしての成長に生かしています。

金井□リコー勤務が一〇年間なので、リーバイスに入ったのが三〇代前半だったとすると、その時点で自分のリーダーシップに目覚められたというのは早い方ですね。

増田■特にリーバイスは、社員にリーダーシップを意識づけるのが上手でした。そのうえでゴールを示し、勉強させてくれましたから、業務を遂行しようとする責任感が自ずとわきました。

金井□リーバイスのくだりでは、J・クーゼスとB・ポスナーのリーダーシッププログラムの話も出ました。

　興味のある読者のために簡単に説明しておくと、クーゼスとポスナーが最初に行った調査の一つは、「称賛に値するリーダーとは?」という問いを通じて、どのような人にならば喜んでついていく気になるかという人物像、すぐれたリーダーの属性を具体的にあぶり出すことでした。そこから、「正直であること」「前向きであること」「わくわくさせてくれること」「有能であること」という特徴が上位のものとして挙がってきました〔12〕。

またリーダーシップの体系立ったヒントとして、三層の原理原則（五個の実践指針、一〇個のコミットすべき事項、二〇個のより具体的な必須行動）を整理したのは、彼らの主張の最大の特徴です。これらの原理原則は、リーダーシップを発揮した経験をもつ人の「パーソナル・ベストストーリー」に基づいています。

待望の邦訳が出ましたが、増田さんも読まれた彼らの著書『The Leadership Challenge』が版を重ねて不朽のベストセラーであり続けているのは、そこにリーダーシップの原理原則が示されているだけでなく、それらを反映した具体的な行動が、膨大な数のストーリーに基づいて豊富に記述されているからです。

うれしいことに、私と増田さんは今回一緒に本書をつくるにあたって、クービスとメールで連絡を取り合うことができました。彼は次回の改訂版では、ぜひ増田さんのリーダーシップ経験のストーリーを聞きたいと言っていますね。

増田■クーゼスとポスナーの教えは、私のバイブルとなり、常に意識して行動するガイドとなっています。彼らの理論によって、ふつうの人がとてつもないことをやってのけるのがリーダーシップだということを私は知りました。

二人の協力を得てリーバイス用にカスタマイズしてつくったリーダーシッププログラムの内容もすばらしいものでした。そして私にとってさらに大きな経験だったのは、プログラムを学べただけでなく、それを用いて教える側にすぐに回ったことでした。リーバイスに入社した月にサンフランシスコに飛んでプログラムを受けると、日をおかずにトレーナー（インターナルファカルティ）育成プログラムを受け、さらに先輩トレーナーについてプログラムが実施される様子を見学し、おそらく一カ月後にはひとり立ちしたはずです。日本だけでなく、さっそくアジア太平洋地域でも教えるようになり、その際にはもちろん英語を使って教えなくてはなりませんでした。

その間というものは、本を読み込むだけでなく、プログラムの内容についての理解を徹底的に深め、プログラムの前夜にはメモやフリップチャートを徹夜でつくったりしていました。あまりに濃密な時間が続いたので、所々の記憶が飛んでいるぐらいです。

金井□そこでも覚悟が試されますね。やるとなったら逃げようがありませんから。「私なんかにできるかしら」と思っただけで、ひるんでしまいそうです。

増田■当初はお荷物ファカルティだったと思います。エクスターナルファカルティやシニアマネジメント・ファカルティに助けを求めながらなんとかこなしていた感じで、自分が本来果たすべき役割の三割ぐらいしかできていませんでした。

しかし私に課せられていたのは、プログラムの中身を正確に社員たちに伝えつつ、そこに私らしさを出すこと、つまり「良質な媒体」になることだったと思います。それは謙虚でありつつ、その瞬間での自分自身に自信をもつということです。ですから、いったんセッションが始まったら、前日のミスについて考える余裕も、翌日のセッションに思いをめぐらしている余裕もなく、ひたすら今その場にいる人たちに対して全身全霊で向き合おうとしました。この時期、失敗を恐れないこと、人に助けを求めることの重要性を学べたのは本当によい経験でした。特に助けを求めること、必要なときに「助けて」と言えることは、一見リーダーシップと矛盾するようですが、リーダーにとってとても大切です。これについてはまた後で述べます。

金井□増田さんにとっては、社内ファカルティとしての自立がイニシエーション（通過儀礼）になったのですね。その後、サンフランシスコの本社に勤務されることになりますが、そのときの面接が「うっとりするほど洗練されたインタビュー」だったと想い起こされていました。どんな聞かれ方だったのですか。

増田■「私のことをこの人は理解してくれた」という印象が私の側に残るような聞かれ方でした。それは本社HRとしてのプロのワザでもあったのでしょうが、私の人となりに興味をもってくれ、私のことを本当によくわかってくれたと、インタビューされた側の私自身が実感できました。私も誰かと話すときには、そういう印象が相手に残るように話そうと心がけています。

金井□グローバルリーダーシップ開発のシニアコンサルタントになってからのお話では、デリー、シンドリ、ヤヨイの「三羽ガラス」が補完的に働く様子がうかがえました。リーダーシップのワナの一つは、リーダーが自分ひとりですべてを背負いこまなくてはいけないと思い込んでしまいがちなことです。実際には、偉大な創業者たちでも、二人とか三人で役割を分けもっていたケースがあるぐらいですから、何人かがそれぞれ持ち味を生かしながらシェアするリーダーシップもあっていいと私は思っています。

それと、ベンチマーク先を探していてモトローラの幹部と出会えた話にも興味をそそられました。リーダーシップを「絵を描いてその実現のために人を巻き込むこと」だと定義した場合、巻き込んでいく人の範囲は、個々のリーダーによって差が出てきます。誰にでも会える、物怖《ものお》じしない、あるいはふつうなら会えないような人とも会えてしまうのは、どこかでリーダーの資質とかかわってくると思います。

増田■どうなのでしょうか。私の場合、人を巻き込むのがうまいと言われることはよくあるのですが、あのときは本当に切羽詰まっていましたから。しかしその切羽詰まった感じが、偶然出会ったモトローラ社員に伝わり、シカゴのキャナバン氏にも会うことができたのかもしれません。

グローバルとはどういうことか

金井□「国際的」と「グローバル」は違うとリーバイスに入ってすぐにお気づきになったというお話がありました。その後、グローバルリーダーシップ開発に携わってこられた増田さんなので、グローバルの意味についても改めてお聞きしたいと思います。

その前に私の見方を言うと、たとえば、江戸時代にシーボルトが日本からヨーロッパに持ち帰った竹細工をつくった職人さんは、ヨーロッパに行ったこともなく、日本語しかしゃべれなかったでしょうけれども、ものづくりにおいてグローバルマインドをもっていたと私は思うのです。もしもその竹細工職人が当時のヨーロッパの職人と会って、互いのつくったものや道具を見せ合ったら、言葉は通じなくてもきっと意気投合したでしょう。

その逆の例は、現在、世界中を飛び回る仕事をしていてもグローバルではない人。どこの企業とかどこの役所とは言いませんが、外国にいて英語をしゃべっていても、何をするにも日本式だったり、その土地の人と過ごす時間よりも日本人同士で一緒にいる時間の方が長かったりする人です。一般にエリートと呼ばれる人が案外そうだったりします。

増田■言われる通り、五カ国語が話せて、一〇カ国以上で暮らしたことがあるのに、まったくグローバルとは言いがたい人がいますよね。

金井先生がものづくりの例でお話しされたので、それにそって言うと、企業モデルには、国内専業モデル、輸出モデル、多国籍モデル、グローバルモデルの四つがあると私は思っています。まず国内専業モデルは、自国内だけでものをつくったり売ったりする企業。輸出モデルは、自国内で通用するものをそのまま海外にもっていって売る企業です。

多国籍モデルは、自社のものを世界的に展開するために、売り先に合わせて商品に変更・修正を加える企業です。たとえば同一ブランドの洗剤で洗浄成分が同じものを、日本では日本人に好かれるような香りに、他の国では他の香りに手を加えて売っているような企業がこれに当たります。

グローバルモデルの企業はもっと進化しているというか、売り先に合わせて変更・修正を加えなくても地球全体で通用するものをつくったり売ったりしている企業です。つまり提供する商品に、地球上の誰が見てもいいと思う普遍的な価値がある。先生が例に挙げられた竹細工は、商品としてはまさにグローバルだったのでしょう。

そして企業モデルとしてのグローバル企業にはもう一段階上があって、自社が提供する商品だけではなく、自社の経営の仕方、組織の仕組み、人を育てる仕組みまでが地球全体で通用する普遍性をもっており、経営陣も地球規模の視野をもっているのが、真のグローバルモデルの企業だと私は考えています。地球規模の視野とは、自分がいる物理的な場所とは関係なく、頭の中で常に地球全体をイメージし、事象を判断することです。

デリーとシンドリと私がリーバイスでグローバルリーダーを発掘・育成する仕組みをつくったとき、私たちはアメリカの社員に対しても、ヨーロッパの社員に対しても、アジアの社員に対しても、等距離でいることをイメージしていました。後に私が人事評価制度をつくったときも同じでした。リーバイスの本社がアメリカにあるからといってアメリカの人事習慣に合わせるのではなく、地球全体を見て、どの国の人にとっても一番いい制度は何かを考えました。こうした発想が社内で無理なくできているのがグローバル企業だと思います。

金井□経営資源を人・もの・金・情報と分けてみていくと、お金はわりと簡単に国境を越えます。情報もＩＴインフラのおかげで世界中を飛び交っています。ところが、ものづくりとなると、各国の事情に少しずつ合わせる必要がどうしても出てきます。さらに難しいのはやはり人で、言葉や習慣の違いがあるから、ボーダレスとはなかなかいきにくい。

伊丹敬之先生（現東京理科大学専門職大学教授）は、人・もの・金・情報のうち、人だけが「ボーダフル」だと述べておられます。私も同感で、人はお金や情報やものと違って「ボーダフル」なのだと意識する方が、むしろその壁を克服するのには役立つのではないかと思うのです。

増田■多様性の価値を認めることも大切でしょうね。デリー、シンドリ、私のチームもそうだったように、チームがあればメンバー全員はそれぞれ異質であり、同じ人は一人もいません。なのに、自分はこう考えるのだから、他のメンバーもきっとそうだろうと思い込んでしまうと、チームの創造性に限界が生じます。自分はこう考えるけど、この人は違うことを考えているかもしれないと好奇心をもって話を聞いてこそ、新しいものが生まれてくる可能性が出てきます。

金井□「違いが財産」ということですね。ハース会長の言葉をきっかけに増田さんが自分の存在意義として見出した「日本人らしさ」も、そこにかかわってくるのではありませんか。世間には、日本人らしさを消すことがグローバルだと思い込んでいる人もいるようですが。

増田■人は誰でも、生まれた場所や育った環境の影響を受けて成長します。私たちの中に日本人らしさがあるのは当然で、それが出ないのはかえっておかしいと思います。

　多国籍の役員たちがいる企業の人材プールに日本人がなかなか入ってこない理由の一つは、「リーダーシップ・アイデンティティ」が欠如しているからだとよく言われます。リーダーシップ・アイデンティティとは、個人がリーダーシップを発揮する際にベースとなるアイデンティティであり、自分は誰なのか、自分が出すインパクトは何なのかがわかっていて、なおかつそれを言語化でき、出したインパクトについて責任がもてるということです。

　日本人のリーダーシップ・アイデンティティには日本人らしさも含まれてしかるべきであって、そこが欠けていると、あるがままの自分を受け入れられません。自分を受け入れられない人は、他者も受け入れられないため、多様な価値観が重んじられる組織ではうまくやっていきにくくなります。

金井□増田さんにとっては、英語が母国語でないことさえ、結果的にプラスだったわけですよね。

増田■間違いなくそうです。リーバイスに入ってしばらくは、言われている内容を完璧に理解している自信がありませんでしたので、とにかく一生懸命に聴きました。

それと、私はたまたまリコーで異文化コミュニケーションの研修を受けたことがあって、そのときの講師の岩下貢先生（日米コミュニケーションセンター所長）から、英語で何か言われてわからなかったら、相手が言ったことをそのままオウム返しにすること、それから間違ってもいいから、「あなたが言いたいのは、つまりこういうこと?」と言い換えてみることがポイントだと教わっていたので、この二つも愚直にやっていました。

後々考えてみると、よく聴く（傾聴）、オウム返しにする（リピート）、言い換える（リフレーズ）の三つは、いずれもコーチングの基本スキルなんですね。リフレーズに関しては、英語圏出身の人に向かって、英語が非母国語の私が「つまり、あなたの言いたいことはこういうこと?」と言うのはちょっと変ですけれども、それでも意識的にやっていました。そうすると、やがて「ヤヨイは話をよく聴いてくれる、言いたいことをよくわかってくれる」という評判が立つようになりました。

英語がまだ苦手だった頃、私はゆっくり途切れ途切れに、ときどき言葉を言い換えたりしながら話すこともありました。そうすると、注目を集めやすく、会議などではみんながじっくり耳を傾けてくれました。

世間では不利と思われがちなことが有利に働くことはよくあります。リコー時代、女性であることは、それによるプレッシャーもあったにせよ、目立つという意味では有利でした。アメリカに渡ってからは、私は自分より長身の人たちに囲まれながら働くようになりましたが、それはそれで目立つので、私なりに存在感を示すこともできました。ナイキでシニアなポジションに中途で就いたことも、それによって貴重な経験がたくさんできたのですから、今振り返ると有利でした。不利を不利ととらえない視点が大切なのでしょうね。

金井□英語の話に戻すと、増田さんは今に至るまで言葉を大切にしておられますし、ナイキでも、重要な場面では物事をきちんと言語化することでリーダーシップを発揮されてきました。ご自身は英語は苦手だったとおっしゃいますが、苦手な英語を使わなくてはならない環境におられたからこそ、そういう言語化の力を身につけていかれたのではないかとも思います。

増田■コミュニケーションとは、自分の思いが相手に正確に伝わり、それが相手の具体的な行動につながって、ようやく完結するものだと私は考えています。「これをやってよ」と言うだけでは、コミュニケーションではなく伝言です。相手の行動がゴールだとしたら、自分の意図を相手の腹に落ちる形で発信しなければなりません。こうした言語化の力がないと、組織はリードできません。

言葉というものはとても難しくて、たとえばシンガポール人とオーストラリア人とアメリカ人に英語で何かを伝えようとすると、それぞれに表現を変えて言わないと伝わらないことがあります。まして英語が非母国語の人たちと話すときは、丁寧に言葉を選んだり、できるだけ具体的な例を挙げて話さなければ、こちらの意図が正確に伝わらず、相手の腹に落ちません。自分の意図を相手にちゃんと伝えて行動を起こしてもらうためには、相手の人となりを理解しておくことはもちろん、相手の国の文化についてあらかじめ学んでおくことも重要です。私は多国籍チームをリードすることで、これらを学ぶ機会に恵まれました。

金井□ルイス・ポンディーという研究者は、リーダーシップの分野を批判的に研究した論文で、「リーダーシップは言語ゲームである（Leadership is a language game.）」と述べています。これには、リーダーシップをめぐる学者やコンサルタントの議論がしばしば「言葉遊び」に陥っているという揶揄《やゆ》が込められていると同時に、人を巻き込み、人に動いてもらうからには、言語の介在がなければリーダーシップは成り立たないという（哲学者ウィトゲンシュタインにまで行き着くような深い）意味合いも込められています。

実際のところ、コミュニケーションをともなわないリーダーシップは、「あうんの呼吸」といった例外的な場面を除けば、ほとんどありえません。上司が部下に対して「なんべん言ったらわかるんじゃ」と言ったら、これは上司の敗北宣言であって、「言う」と「伝える」の違いをその上司はわかっていないのです。増田さんのさらにすごいところは、伝える相手の「受信機」の感度にも気を配り、相手が動いてこそコミュニケーションは完結すると考えておられるところです。相手側のアクションまでを含んだコミュニケーションは、リーダーシップそのものと言ってもいいでしょう。

増田■相手に理解しやすい伝え方をするためには、相手のことをよく理解しなくてはなりません。そのためには、自分が話す前にまず相手の話をよく聴くことが不可欠です。読者の方も実際にやっていただくとわかりますが、話す相手を理解しようと努めていると、自分も驚くほど話しやすくなります。「あうんの呼吸」が生まれるのは、そういう努力をお互いがした結果ではないかと私は思っています。

キャリアの空白ではなかった

金井□リーバイスで、カントリー・リージョン・グローバルという三層構造の仕事をすべて経験されたことも、増田さんにとっては大きな意味があったのではありませんか。

増田■リーバイスが何を考えてそうしたのかはわかりませんが、それぞれ異なる役割を期待されている組織で働けたことは、私にとってとてもプラスになりました。三層それぞれで働く人たちの立場や、どの層でどういうことが起きていればよいのかがわかったのは、グローバル企業で組織開発に携わるうえで貴重な経験でした。グローバルリーダー育成の観点から言っても、三層すべてを経験してもらうことが大事だと思っています。特にリージョンはグローバルとカントリーの中間に位置しますので、仲介役の機能を担う経験が積めます（ときには板挟みにもなります）。私は個人的にはリージョンが向いていると思っています。

金井□リーバイスで活躍した後の増田さんは、突然、三年間のフリーター生活に入られました。この期間について、私は章末のまとめで「キャリアの空白」と指摘しました。しかし増田さんご自身は、この時期を「キャリアの空白」ととらえてはおらず、「むしろとても大切なキャリアの一ページだった」と回顧しておられます。その理由をもう少し詳しくお聞かせ願えますか。

増田■狭義のキャリアにおいては空白だったとしても、広義のキャリアにおいてはそうではなかったと思うのです。狭義のキャリアは、わかりやすく言うと履歴書です。私は三年間、定職に就いていなかったのですから、履歴書上はリーバイス勤務とナイキ勤務の間は空白です。けれども、私という人間が自分らしさを出しながら世の中全体に貢献するという広義のキャリアにおいては、あの三年間はけっして空白ではありませんでした。とても価値のある時間でした。

金井□エドガー・H・シャイン先生は、増田さんが言う狭義のキャリア、つまり履歴書の内容に当たるものを客観的キャリア、広義のキャリアを主観的キャリアと呼んでいます。私はつい言葉のあやで「キャリアの空白」と言ってしまいましたが、後者で考えれば、職歴上の空白はあっても、キャリアが空白だったわけではないということですね。

その間のエピソードについて言うと、近所の子どもたちのコーチングをしていたという話も目を引きました。私自身は、二〇歳前後の学生が相手ならともかく、小さな子どもとは距離をおいてしまうタイプですが、子どもに好かれる人は、周囲を緊張させないとか、ピリピリ感を発していないとか、そういう何かがあるのではないかと思っています。

増田■私は、電車の向かい側の席に座っている知らない子どもとジャンケンもしますし、病院の待合室などでも子どもが寄ってきます。同年代の友人の子どもたちとふれ合っていてわかったのですが、その子たちの多くは、私を「自分の親の友だち」ではなく、「自分の友だち」と認識しているようです。先日サンフランシスコに遊びにいった一番の理由も、七歳のときから知っている友人の子どもが一六歳になって、高校の演劇部で舞台に立つことになり、「見に来てほしい」と本人から依頼があったからでした。小さな劇場に行くと、その子は「日本から友だちが来てくれた」と私を周囲に紹介していました。

ちなみに子どもたちへのコーチングは、私に一味違う気づきをもたらしてくれました。大人相手のコーチングは、コーチの側がともすれば型やワザにとらわれやすく、受ける側もそうとわかってつき合ってくれることがあります。しかし子どもたちはコーチングを受けているつもりがありませんから、決まった型や小手先のワザは通用しません。私は全身全霊で向き合わなければならず、これはいい訓練になりました。

金井□増田さんは、これまで働いてきて、敵対した人とかキャラクターが合わなかった人はいますか。

増田■敵対した人はいません。でも、どこか肌が合わない人、あえて一緒に夕食をしようとは思わないような人はいました。しかし、そういう人とも仕事はできますし、嫌いになることはありません。嫌いになるためには、好きになるよりも大きなエネルギーが必要ですよね。嫌いな理由をいろいろ考えなくてはなりませんから。

キャラクターについて言うと、私は自分とまったくキャラクターの違う人にも好奇心が向きます。「合わない」とすぐに決めつけるのではなく、もっと話してみたいと感じることが多いです。

think より feel

金井□ナイキに行くと決めたときは、やはりかなりの覚悟が必要でしたか。

増田■覚悟と迷いが両方ありました。行くと決める前は、本当に迷っていて、生まれて初めて占いをしてもらったぐらいです。いろいろな人に「行こうか、やめようか、どうしよう?」と相談して回っていると、「うちの近所に、当たるって評判の占い師さんがいるけど」と教えてくれた友人がいたので、行ってみました。

金井□結果はどう出ましたか（笑）。

増田■「どちらでもよし」でした（笑）。でも、その占い師さんからはよいアドバイスをいただいたのです。彼女は私の母と同じくらいの年齢の人で、一人息子がフランスに渡っていたそうです。私が「年をとってきた親を置いて、アメリカに行くのはちょっと……」と打ち明けると、「子どもが自分の将来を選択するとき、その選択の邪魔になりたいと思う親はいない。もしも親の事情を考慮に入れてあなたが迷っているとしたら、親はきっと悲しむ」ときっぱり告げられました。占い師としてというより、子をもつ親としてのアドバイスだったと思いますが。

金井□初めて運勢を見てもらった占いでそういう人に出会えるとは、そのあたりにもシンクロニシティを感じますね。

増田■そうですね。だから、もしかするとあの占いでナイキ行きを決めたのかなと思わなくもありませんが、最終的には、オレゴンでの面接後にチャーリー・デンソンがもらしたという「She is different.」のひと言が大きな支えとなりました。私のありのままの価値をそこまで認めてくれているのであれば、「日本人が日本人であることに誇りと自信をもって、一〇〇%自分自身であることで、世界に貢献する」というミッションを体現する場、私自身のリーダーシップの「筋トレ」をする場として、ナイキを使わせてもらおうと決めました。

しかしそうはいっても、ナイキにしてみれば、わざわざアメリカ以外の国から中途で人を採用し、本社のシニアなポジションにつけるのは、かなりのリスクとコストをともなうことです。私には、HRのプロとしてナイキで職責を果たす自信はありましたが、早い段階で成果を出さなくてはいけない、ナイキを後悔させてはいけないというものすごい緊張感も感じていました。契約書にサインしたときは、もう後には戻れないと腹をくくりました。

金井□すごい人からもらったひと言は自分のキャリアの支えとなります。デンソン氏のひと言はまさにそうですね。

ところで、増田さんはナイキに入ってからの最初の九〇日間でアジア太平洋地域の各カントリーを回り、その後のプレゼンテーションで、「びっくりしたこと」「感じたこと」「疑問に思ったこと」を話されました。あえて、見たまま、感じたままを述べられたということもあるのでしょうけど、それ以外の場面でも、増田さんは「think」より「feel」を大事にされている人ではないかと私には感じられました。

増田■まず、企業活動や組織活動では、タスク中心に考える作業についみんな没頭しがちで、プロセスをどう感じるかがおざなりになっている気がしていまして、私は意識的に振り子を反対側に振るつもりで、「think」より「feel」を大事にしていました。

「feel」を大事にするのは、職場でもみんな感情を押し殺す必要はないんですよと言いたいからでもあります。成熟した人としてであれば、職場は感情を出していい場所だし、そういう場をつくりたいと思って、自分から率先して「私はこう感じる」と言うようにしています。プライベートで感情を抑えすぎているといつか爆発するように、組織内で抑えられている感情は必ず形を変えて出てきて、組織に悪影響を及ぼし、パフォーマンスを低下させます。ですから、感情表現を悪いことと見なさない雰囲気を組織の中につくった方がよいのです。もっとも、そのためには、個人が客観的に感情を表現できるようになることが必要ですし、組織の側にも、個人の感情を受け止められるだけの成熟が求められますが。

それから、私はリーダーとしてあえて断定的にならないことも大事ではないかと思っています。特に私の場合、多様な価値観の中で長く働いてきたので、自分の意見がいつも正しいなどという自信はまったくなく、そんな自信をもつ必要もないと思ってきました。間違えたこともたくさんあります。だから「これは私だけが感じてることかもしれないけれど……」と言うときは、本心からそう言っています。断定的にならない方が、リーダーとして最終的な決断を下す前にあらゆる視点で物事が見られて、よい判断ができるようです。

期待値とのすり合わせ

金井□プレゼンテーションが終わって間もなく、「HRリーダーの出すべき成果と主な役割」をまとめて地域本社社長に出されたのは、どのような意図からですか。こうしたあたりにも、増田さんのリーダーとしての言語化の力がうかがえます。日本の管理職でこういうことを書ける人はなかなかいないでしょう。やはり「あうんの呼吸」を言い訳にして、きちんと言語化するのを怠る人もいます。

増田■確かに言語化はリーダーとして不可欠な資質ですし、グローバルではなおさらです。リーバイスに入ったときは、私が「人事も組織開発もわかりません」と言うと、リーバイスが「大丈夫、うちが育ててあげますから」と言ってくれました。しかしナイキには、私は明らかに結果を、金井先生の言葉を借りれば「デリバラブル」を期待されて入りました。私にも、自分の付加価値をしっかり出して結果を出さなくてはという心構えはありましたし、結果を出すまでそう長くは待ってはもらえないだろうと予想していました。

「HRリーダーの出すべき成果と主な役割」を書いて示したのは、ナイキ側の私に対する期待値と私が出しうる成果を早い段階ですり合わせたかったからです。ナイキは私に期待していたとはいえ、私のすべてを知っているわけではありませんでしたから、私としては「自分はHRとしてこういう働き方をしますけど、これでいいかしら」と確認しておきたかったのです。そうしておけば、上司や同僚や部下たちは私のことがよりよくわかり、私は彼ら彼女らの協力を仰ぎながら、自分の付加価値を存分に出せます。とりわけ異文化の中で仕事をするときは、こういうすり合わせが後々とても大事になります。たぶん、私がHRのリーダーではなく、生産部長やマーケティング部長だったとしても同じことをやったでしょう。

ご指摘のように、言語化によって自分を表現することを私はいつも意識しています。多国籍の多様な人たちが集まるチームと一緒に働くようになってからはなおさらそうでした。アメリカにいた頃、あるリーダーシップのセミナーで「人は存在するだけでは五〇%生きているとしか言えない。一〇〇%生きるためには思い切り自己表現することだ」という言葉を知りました。自分を明確に表現できることはリーダーにとってとても重要です。自分が誰であるか、自分が目指す場所はどこにあるのかを語れてこそ、周囲の人たちを巻き込むことができます。自社をグローバル化したいと考えている企業の経営者であれば、自社の価値を言語化するだけでなく、自分自身のリーダーシップを意識し、それを世界に通じるような形で言語化していくことも考えなくてはなりません。

金井□「HRがHRであることに誇りと自信をもって、一〇〇%自分自身であることで、ビジネスに貢献する」という宣言もすばらしいですね。おそらく、おぼえてしまうぐらい何回も口にすることで結晶化されたフレーズなのでしょう。

増田■そうですね。仕事をしている人たちが、本当に自分たちの部門に誇りと自信をもって働けていればいいのですが、中にはそうでない人もいます。特にHRの場合は、社員のみなさんのお役に立とうとはしていても、「誇りと自信」は足りないのではないかと感じたので、ああいうフレーズになりました。

金井□ナイキでもリーバイスでも、増田さんは上司や同僚や部下に対してだけでなく、他部門の人たちに対してもクライアントという見方をしてこられたと思います。しかし日本の企業には、他部門の人たちに対してクライアントという発想で向き合っている人事部門は必ずしも多くはありません。クライアント側、つまりラインマネジャーや社員の方々から、「人事があるおかげで助かった」という声を聞くこともまれです。人事部門が他部門に対してもつべき影響力についてはどうお考えですか。

増田■会社の中で人事部門が付加価値を出していることが誰の目にも明らかであれば、他部門に対して影響力を及ぼすのは簡単だと思います。その人事のやり方が管理的であろうが、奉仕的であろうが、社員の方々がうちの人事には価値があると感じていれば、人事が言うことにもっと耳を傾けるのではありませんか。

金井□人事部門が他部門に対して「力」をもつことが大切なのではなく、いつも他部門から呼ばれることが大切ですよね。

増田■他部門から、うちの人事部門は自分たちのニーズに一番適したリソースをもつ人たちの集まりだと見られていること、そしてそもそも人事部門の人たち自身が全社にとってのリソースになっていることが大切ではないでしょうか。この人たちに相談すれば、自分たちの仕事の質が上がるとか、学べるとか、そういうリソースになりえているかどうかで差が出てくると思います。

金井□私は増田さんみたいな組織開発的なHR、社内コンサルタントのようなHRの重要性が、日本でも今後増していくと考えています。けれども日本企業を見渡す限り、まだまだ昔風の人事、要するに採用や配属や給与を司っている人事が中心のようです。働くみんなに好かれているとか頼りにされているイメージは残念ながらまだあまりありません。

増田■それには経営者の問題もあると思いますよ。たとえば経営者が新規事業を始めようとしたり、組織をある方向に変容させようとするならば、果たしてうちの会社にそれだけの組織能力があるだろうかと考え、真っ先に人事部門に相談しないわけにはいきません。事業面に目を向けるだけでなく、組織力の強化も考えられる企業、あるいは人事部門が事業面を深く理解して組織戦略を立て、変容の先陣を切ることのできる企業にしていく努力が、経営者に求められているのではないでしょうか。

自分をさらけ出し、学びの材料に

金井□増田さんを見ていると、自然体とつい言ってしまいますが、ナイキに移ってからも、自然体の振る舞いの背後で相当な努力もされていたのでしょうね。

増田■私は基本的にどう振る舞おうかと考えて行動することはないので、疲れることはないのですが、必要な時は努力しているつもりです。最初は、社内で使われている専門用語一つわからない状態でしたので、頑張ったのは確かです。勤務時間中に勉強ばかりしてもいられないため、他の人より早く出社するとか、遅くまで働くといったことはしました。

しかし、そういう様子はべつに隠さなかったので、周囲の人たちも見てわかっていたと思います。みんなと食事することになった夜に、率直に「ごめん、帰って勉強するから」とか「明日の資料を読みたいから」と言って、お先に失礼することもありました。

金井□リーダーの重要な役割はリーダーを育てることです。部下の育成は、どういうお考えをもってやっていらっしゃいましたか。

増田■自分自身の姿をさらして見てもらう育て方と、緻密にデザインした育て方を同時にやっていました。

読者の方々にも振り返っていただきたいのですが、自分を育ててくれた親にしても、近所の人たちにしても、みんながみんな一〇〇%完璧な人たちではなかったはずです。これまで働いてきた中でも、尊敬できる上司も、そうでない上司もいたでしょう。いやな上司の下で働いたことがある人は、自分はああいうふうにはなりたくないと思ったでしょうし、尊敬できる上司にも、ここだけは真似したくないと思ってしまうような面があったのではないでしょうか。

私たちはそういった「人間として完璧でない部分」からも学んでいます。ですから私自身も、自分は一〇〇%完璧な上司でも先輩でもないことは承知のうえで、足りない部分も含めて自分をさらけ出し、自分の思考プロセスもできるだけつまびらかにして、部下や後輩にはそこからも学んでほしいと思ってきました。

HRの仕事をしていると、社内の事業部門の人たちに対してコンサルティングをしに出向くことがよくあります。話がとてもスムーズに運んで、クライアントから喜ばれることもありますし、意見の食い違いが生じて、あまり心地よくない状況になることもあります。クライアントの前で私が玉砕するような最悪の状況もありえます。しかし、私はどんなときにも、なるべく部下を連れていって、私のコンサルティングを横で見ていてもらうようにしてきました。見て学んでもらうだけでなく、終わってから、「今日の私のコンサルティングを見ていて、何か感じたことはある？」「気づいたことはある？」「もっと違うやり方をすればいいのにと思ったことってある？」などと聞くこともありました。そうやって、自分を学びの材料に使ってもらってきました。

緻密にデザインする育て方は、ナイキのアジア太平洋地域でＨＲチームにスキルを伝授したときがまさにそうでした。自分が三年後にはこのチームをどういう状態にしたいか、そのためにはどういうスキルを身につけてほしいか、そうすると、今年は何をすべきで、来年は何をすべきで……といったことを自分の頭の中でかなり細かく組み立てていきました。三年後のゴールへの道筋もイラストマップにしてメンバーたちに示して、学びと成長のプロセスをお互いに認め合いながら、ゴールに向かって進んでいけるようにしました。

金井□増田さんご自身がこれまで生きてこられた中で、ロールモデル、クーゼス＝ポスナーが言うところの「称賛に値するリーダー」はどなたかいらっしゃいますか。

増田■私の場合、「ある人」をすごいと思うのではなくて、「ある人の行動」を見てすごいと思うことはあります。だから「この人」というロールモデルはいないのですが、「その行動」をお手本としてきたような人はたくさんいます。

私自身、ナイキに行く前には「日本人が世界に向けてリーダーシップを発揮するロールモデル」になろうと決意しましたし、ロールモデルを自分なりにもつのはよいことだと思っています。けれども、私たちは「ロールモデルであるその人」にはけっしてなれません。私はリーバイスで働いて以来、マーシーをすばらしいリーダーだと思っていますが、私自身はマーシーにはなれないし、なる必要もないと思っています。ナイキで出会った人たちに対しても同じ見方をしています。

それに、私から見て「すごい行動をする敬愛すべき人」は、必ずと言っていいほど自分らしさ全開の人たちです。そう考えると、ロールモデルをもつこととは、その人みたいになろうとすることではなく、もっと自分らしくなることではないかと思うのです。

第六章　リーダーとしてより良く成長する

リーダーの「在り方」

増田■ここからは、どうやってリーダーシップを磨くかというテーマで話し合いたいと思います。

本書の冒頭で金井先生は、権力や権限や組織の仕組みによってではなく、その人の語る内容や言行一致の行動によって、周囲の人が「この人にならついていってもいい」と思って喜んでついていったときに、社会的影響力としてのリーダーシップは存在すると言われました。

リーダーにとって、振り向いたらいつもフォロワーがついてきてくれているという状態は必須だろうと私も思っています。しかし現実には、リーダーが後ろを振り向いたら、誰もついてきていないという状態は起こりえますよね。

金井□クーゼス＝ポスナーも、リーダーシップ現象の本質は、フォロワーが「喜んでついていく（willingly follow）」ことだと述べています。この「喜んで」という点が大事なのであって、フォロワーが「仕方なしに」ついていっているだけだったら、いつかあるとき、ついていかなくなることはありえます。

増田■そこでリーダーとしての資質が問われるのでしょうが、私はリーダーには、「doing（何をするか）」もさることながら、「being（どう在るか）」も大切ではないかと思うのです。特に日本に帰ってきてからそう感じることが多くなりました。

現在、私は無職であり、肩書きもありません。世の中のために何かを起こしたいと少しは考え始めたものの、まだ目的を掲げて具体的に行動しているわけではありません。しかし、企業から依頼されたセミナーや個人的な集まりで会う人たちから、しょっちゅう「ついていきたい」と言われます。私自身はまだ何かビジョンを示したわけでも、どこかに向かって動き出しているわけでもないので、ついてこられても困るのですが（笑）、そう言われることが多いのです。

その理由をいろいろ考えてみると、もしかすると、私の「在り方」とともにいたいという人が多いのではないかと思うのです。私はべつに、いつ振り向いても誰かがついてきてくれている状態をつくりたくて、何か意図的に操作をしているつもりはありません。ただ、私の「在り方」によって、周りの人たちが自分の中の秘めた思いを外に向かって出しやすくなったり、夢を語りやすくなったりということはあるのかもしれません。

加えて言うと、私は職制上のリーダーだったときも、自分についてきてくれる人たちをフォロワーではなく、「リーダー仲間」だと思って働いてきました。本当はリーダーになりうるのだけれど、まだ自分がそうだとは自覚していない人たち、あるいは自分の内側からこみ上げてくるものを今はまだ言葉にできていない人たち、そういう人たちのそばに私がいることで、みんながリーダーに変容できる、そのお手伝いをすることが、リーダーである私の役目ではないかと思うのです。

金井□「doing」で示すリーダーは、自分自身もピリピリしているでしょうし、そうすると周囲に対してもピリピリした態度をとってしまいがちかもしれません。私があえて増田さんを「自然体のリーダー」だと言うのは、そういうピリピリしたところがない「being＝在り方」を見て、増田さんとともにいたいというフォロワーを得ておられるという意味合いでもあります。増田さんはご自身の「在り方」について、何か意識していることはありますか？

増田■私の場合は、ひと言で言うと、ありのままの自分でいるということでしょうか。ありのままでいるとは、今この瞬間の自分を大きくも小さくも見せようとせず、いつも等身大でいて、仮面もかぶらず、何よりも自分自身に嘘をつかず、誠実にそのまま在るように意識することです。仕事をしていると、つい立場などを考えて無理をしてしまう人もいるようですが、そうすると自分らしさが発揮できなくなり、リーダーとフォロワーの関係において歯車がずれてくるような気がします。

金井□企業や組織でリーダーと呼ばれる人は、みんなどこかで無理をしていますよね。係長になったら少し無理をし、課長になったらもっと無理をし、部長になったらもっともっと無理をしているような気がします。それでとうとうCEOになった人は、就任時の記者会見で「身が引き締まる思いです」と言う。さらに無理をしますと自分で宣言しているわけです。

しかし増田さんを見ていると、ご自身は自然体を意識していないとおっしゃいますけど、少なくとも無理なくやってこられているように見受けられます。苦労も努力もされてきたことは、この間のお話でもよくわかりましたが、いろいろな経験を通じて、自分のリーダーとしての「在り方」をよく理解されているように見えます。

増田■「今ここ」の瞬間のありのままの自分でいると、自分の魂レベルと感情レベルと思考レベルがいずれもずれないので、周囲から見ても軸のぶれていないリーダーとなり、職場での判断軸も明らかになってきます。リーダーがありのままでいないと、周囲の人も居心地が悪く感じて、自分のありのままを出しにくくなり、本来もっている力を発揮しづらくなると思います。

自己理解と自己受容

増田■私が私らしさにこだわるのは、ほかの人にもその人らしくいてほしいからです。年齢も性別も国籍も役職も関係なく、すべての人は、自分が自分自身であることをＯＫであると認めてほしいと思っているはずです。これは社長としての自分を認知してほしいとか、係長としての自分を認知してほしいとか、あるいは母親としての自分を認知してほしいといったことではなく、この世に生まれてきた、あるがままの自分を全人格として認知してほしいということです。

　こうした認知は、認知する側がまず自分をよく知り、自分らしくていいのだと思わなければできません。自分が自分であることをよしとしない人は、他者が他者であることをよしとできないからです。

金井□精神科医の野田正彰先生（関西学院大学教授）が、かつて日本の企業の社長たちにロングインタビューをしたところ、自己肯定ができていない人が結構多いことに驚かれたそうです。産業界や金融界を登りつめた名だたるトップたちの多くが、実は深いコンプレックスを抱えていたり、自分の仕事に楽しみを見出せていなかったり、挫折や失敗を受け止めていなかったりして、丸ごとの自分を肯定できていないというのです。

これはとても心配なことで、増田さんのおっしゃるように、自分を肯定できないリーダーはフォロワーを肯定できません。

増田■リーダーシップを身につけ成長していくためには、今の自分をできるだけ正確に知る「自己理解」と、その自分を受け入れる「自己受容」が欠かせないと私は思っています。この二つがうまくできないと、リーダーとして成長していくのはかなり難しくなります。なぜなら学習の成果（成長度合い）は本人の自覚の大きさに比例するからです。

ただ英語の能力不足や特定のスキルの無さなら、客観的に数値でも測れますので、わりと受け入れやすいのですが、リーダーシップの有無を論じるには方法論が必要です。リーダーシップを発揮するうえでの自覚のベースとなる自己理解、自分の現状についての理解を深める方法にはいろいろあります。自分は何者であるか、どんな価値観をもつ人間なのかということを、自分の生い立ちにまでさかのぼってじっくり振り返るのも一つの方法です。三六〇度フィードバックを受けて、上司・部下・同僚という全方向から、自分の行動特性を容観的に評価してもらうのもよいでしょう。プロファイリングツールも自分の特質を知るうえで非常に有効です。

ただ、クルマの運転や英語の学習なら、試験の結果が数字ではっきり出ますので、わりと結果を受け入れやすいのですが、リーダーシップにおける自己受容はそう簡単ではありません。

たとえば、ある上司が三六〇度フィードバックを受けて、「自分と異なる意見にも好奇心をもって理解しようとよく話を聴く」という項目の部下からの評価が低かったとしましょう。上司としては、この結果はなかなか受け入れにくいでしょう。腹を立てる人もいるかもしれません。けれども、ここで「なるほど、自分はそう見られているのか」と認めることができれば、その上司は自己受容できたことになります。さらに、その後、仕事の現場で部下から異なる意見が出てきたときに、頭ごなしに否定するのではなく、耳を貸すように努力できれば、部下はその上司についていきやすくなり、上司自身もリーダーとして成長できます。また、上司としてのこうした真摯な姿勢は、部下の成長意欲を刺激します。

自己受容とは、自分をあるがままに受け入れつつ、足りない部分を成長の余地と見て努力することと、そして努力する自分を愛おしく認知しながら成長させていくことです。自分の成長過程を認めるなどというと、人に弱みを見せるようなそんなことはできないとか、リーダーとしての面目にかかわると感じる人がいるかもしれませんが、そういう無用のプライドを捨てられないリーダーほど、振り向いたら後ろに誰もついてきていないという事態に陥りやすいのではないかと思います。リーダーはその瞬間瞬間の自分を謙虚に、かつ誇りをもって見られてこそ、他のメンバーを心から誇りに思えるようになりますから、その方がチーム内の信頼関係は高まります。

自己受容に関連して言うと、アメリカの最近のリーダーシップ研究では、「バルネラビリティ」の重要性が強調されていますね。もろい部分も含めて自分をさらけ出せる勇気といったニュアンスで使われる言葉ですが。

金井□「バルネラビリティ」は日本語ではふつう「脆弱性《ぜいじゃく》」と訳されますが、もう少し深い意味合いがありますね。金子郁容さん（慶應義塾大学大学院教授）や松岡正剛さん（編集工学研究所所長）は早くからこの概念に注目してこられて、自分の弱さを見つめることや弱さを表出できることの大切さを説いておられます。今、思えば、私が若い頃に臨床心理学に惹かれた理由も同根でした。

増田■上司は三年かかっても部下を見抜けないが、部下は三日で上司を見抜くとよく言われます。上司が自分の足りない部分をいくら隠そうとしても、隠せていると思っているのは本人だけで、周囲の人たちには簡単に気づかれてしまうものです。リーダーシップがうまく成立しているとき、フォロワーはリーダーを完璧な人間だと思ってついていっているのではなく、このリーダーの足りない部分を支えたいだとか、このリーダーのいいところをもっと伸ばしてあげたいと思って、支援しながらついていっています。だからこそ、リーダーは自分の足りない部分を受け入れ、周囲にも見せて、助けを求めたり、感謝しつつ協力を仰いだりすべきなのであって、結局のところ、自己受容ができるかどうかの度合いは、その人のリーダーとしての器の大きさを表しているのだと思います。

フィードバックをどうやってもらうか

金井□増田さんの場合、自分が出すインパクトに対して責任をとるんだという腹のくくり方もしておられるように見えます。そのことは、いつも丹田に力を込めて姿勢を正しておられる立ち姿からもうかがえるのですが。

増田■人は誰でも、存在しているだけで周囲に何らかのインパクトを出しています。一番わかりやすい例は赤ちゃんです。赤ちゃんはただそこにいるだけで、人々を笑顔にします。大人になってからの社会でもそうです。部屋に入ってくるだけで周囲を緊張させる人もいれば、そこにいるだけで周囲を楽しい気分にする人もいます。

まして組織の中でリーダーが言葉を発したり、行動したり、決断したりすれば、必ず組織の中に影響が出てきます。そうしたインパクトを見極める力がリーダーには求められます。

先日、ある大企業の上層部の方とお話をしていて、「うちの組織には指示待ち人間が多くて困っている」と相談を受けました。私が「組織の上層部が指示を出しすぎなのではありませんか」と言うと、その人は一瞬言葉に詰まり、「……かもしれない」とつぶやかれました。おそらくその組織の場合は、上司が「指示命令型のマネジメント」というインパクトを出すことによって、指示待ちの部下が増えていたのだと想像されます。その人は、そういう上層部の言動が組織に与えている影響に気づかないまま、指示待ち人間が多いと感じていらしたのかもしれません。リーダーのインパクトはそのぐらい組織風土にも影響を与えます。ですから、リーダーは自分の出しているインパクトを常に感知（またはモニター）しつつ、自らの言動を意識的に修正しなくてはなりません。それが自分の出すインパクトに対して責任をとるということです。

金井□ＥＱ（心の知能指数）の研究で名高いダニエル・ゴールマンは、人がえらくなっていくのはフィードバックが減っていくプロセスであると警告しています。だからこそ、三六〇度フィードバックやプロファイリングを受けたりする意味は大きいとも言えますが、そのあたりについてはどうお考えですか。

増田■まず、フィードバックをネガティブな指導のことだと誤解している人がいますが、それは違います。フィードバックとは、誰かが周囲の人に与えたインパクトがどうだったかということを、周囲の人から本人のさらなる成長のために伝えることです。したがってフィードバックは、上司から部下に対してだけでなく、同僚同士でも、部下から上司に対しても行われているのが理想的です。

特にリーダー的立場にいると、必ずしもいつもうまくいくことばかりではありません。その言動が、本人の意図とは違った印象を周囲に与えてしまったり、心ならずも組織にマイナスの影響を与えてしまうこともありますから、的確なフィードバックを受けてこそ、自分のインパクトに責任をとれるようになると言えるでしょう。

ただし、フィードバックは下さいと言って集まるものではありません。上司がいきなりフィードバックをくれと部下に頼んだとしても、たいていの部下はその真意を測りかね、どうすべきか戸惑うと思います。

私の場合は、たとえば半年に一度の業績評価面談のときなどに、部下に対して、「あなたが私にしてもらいたいと思うことで、私があまりできていなかったことは何？」と聞いたり、「あなたから見た私のいいところ、足りないところを言ってもらえると、とても助かる」などとお願いするようにしていました。そうすると、ふだん、会議が終わった後などにも、私の発言や行動を見た部下が「さっきヤヨイはああ言ったけど、私には少しわかりにくかったから、こういうふうに言えばもっとよかったと思いますよ」などとフィードバックをくれるようになります。このようなフィードバックは自分の成長にとてもプラスになります。

フィードバックを受けるためには、自分から率先垂範で周囲に対してフィードバックを出すことも大事です。その際にベースとなるのは、相手の成長を心から願う気持ちであり、相手との間に信頼関係が築けていることが前提です。また、念のため繰り返しておくと、「よくやった」「えらいぞ」だけでは相手の成長につながるフィードバックになりません。たとえばプレゼンの出来について評価するのであれば、「君がプレゼンをしたとき、相手先の人たちが一様にうなずいていたよ。あれは説得力があると私も思ったよ」と、ここまで伝えてこそ、よいフィードバックだと言えます。

日常でのフィードバックは、自分の言動が周囲に与えたインパクトを瞬時に知るという点で一番有効ですが、三六〇度フィードバックと言われるアセスメントツールも、自分のリーダーとしての強みや弱みを包括的に知る指標として使えます。私の場合は、組織全体で定期的に実施することで、自分だけでなくチーム全体の成長のヒントに活用してきました。

一方、個人別のタイピングをするＭＢＴＩのようなプロファイリングについて言うと、自分を枠にはめるような使い方をしないように注意しています。よく血液型の本を読んで、「自分はＢ型だから、こういう性格なんです」などと言い訳っぽいことを言う人がいますが、それと同じように使ってしまったのでは意味がないのです。

プロファイリングツールは、チームで働くときにメンバーがそれぞれのタイプの違いを知ることで、そのチームの多様性に価値を見出し、チーム一丸となって最大の効果を生み出したり、チームに欠けている人材を探し出したりするためのツールであり、と同時に、各メンバーが自分の強みを最大限に発揮して互いに補完し合ったり、足りない部分を伸ばして成長していくためのツールです。ですから、結果を見て自分はこういうタイプだからと割り切ってしまうのではなく、チーム全体の成長のために、自分や他のメンバーの潜在能力や可能性をどうしたらより発揮させられるかを考えて使ってほしいものです。

企業はどうやってリーダーシップ開発を支援するのか

金井□ところで、リーダーシップの実践的な研究・研修に熱心なロミンガー社（アメリカ）が、企業の経営幹部を対象に、リーダーシップが発揮できるようになるうえで有益だったことは何かを尋ねたところ、七〇%が「仕事上の経験」で、二〇%が「上司や顧客・取引先などとの関係を通じた薫陶」で、「研修やセミナー」が占める割合はせいぜい一〇%しかなかったという有名なデータがあります。

経験の中身について言うと、ゼロからの事業の立ち上げ、倒れかけた事業の再生、ライン部門からスタッフ部門への異動など、ここでリーダーシップを発揮しなかったら仕事が成り立たないといった経験が有益となります。

しかし、だからといって私は「経験がすべてだ」と主張するつもりはありません。経験は現場でしか踏めませんが、できる上司や先輩らがときおりちらりと見せてくれる姿勢や価値観、言語的ヒント、目立たぬ支援などから、人は薫陶を受けます。特に日本の企業の場合は薫陶のウエイトが最も高いのではないかと思っています。そして、自分がくぐった経験や人から受けた薫陶が自分にもたらしたことを内省し、意味づけるための場としては、やはりオフ・ザ・ジョブの研修がふさわしいでしょう。

増田さんはHRのプロとしてリーダー育成に携わってこられ、ご自身もグローバル企業のリーダーでいらっしゃいました。企業でリーダーを育てることについて、どのようなお考えをもっておられますか。

増田■リーダーの育て方について述べるなら、最も大事なことは経営陣のリーダーとしての在り方です。経営陣が二〇人いたらその二〇人がそれぞれ個性あるリーダーであり、追随するリーダーたちの手本となっていることがスタートです。そして、その二〇人みんなが自らの成長を心がけ、お互いのよさを見ながら助け合っていれば、社員たちも成長したいと思い、互いに助け合うはずです。そういう企業では、みんなの秘められたリーダーシップが引き出されやすいでしょう。

必要とされるリーダーのタイプを企業側が見定めておくことも重要でしょう。自社の価値観で最も大事にしていることを日々体現できるリーダーが多くいる企業は、自社の差別化に成功しています。また、リーダーを多く輩出している企業は、その発展ステージや部門の違いによって、必要とされるリーダーのタイプが異なることを知っており、自社はどんなリーダーを必要としているのか、どんなタイプの人をリーダーと呼ぶのかという点について、経営陣の間で認識が一致しています。私がナイキに中途入社する前の面接で交わされた会話のほとんどが、私の価値観やリーダーとしての持論や行動特性についてのものだったということは、その表れだったと思います。

事業の拡大や急速なグローバル化にともなって社内でのリーダー育成が間に合わない場合は、外部から人材を採ってくる必要も出てきます。外部から優秀な人材を採用することは、多様な視点を経営にもち込めるという効果もありますが、それには経営陣に人材を見極める目が求められます。

グローバルな規模でリーダーシップを発揮できる人材は、地球規模で限られています。私はリーバイスやナイキにいた頃、まるでハンターのように社内外で人材を探していました。出張で飛行機に乗ったときは必ず隣に座った人をチェックしましたし、泊まったホテルの従業員で優秀だと思った人には名刺を渡し、将来、転職を考えたときには連絡をくれるよう頼んだりしました。その結果、よい人材を雇えたことが数回ありました。事業部門を率いる同僚たちも、同じようにこれはという外部の人材と出会ったら声をかけておき、後で「ヤヨイ、この人はいいと思うから、コンタクトしておくといいかもしれない」などと私に教えてくれました。そうやって、私たちは自分の担当分野に関係なく、組織の将来のために人材を探していたのです。

リーダー育成の仕組みとしては、サクセッションプラン、人材レビュー、評価制度、リーダーシップ開発プログラムなどが考えられます。しかし、こうした仕組みは、企業の風土が社員のリーダーシップ発揮を歓迎し、リーダーを育てるようなものになっていないと生かされません。仕組みと風土はリーダーシップを生み出す車の両輪です。たとえばの話、次世代リーダー候補の人がリーダーシップ開発プログラムを受けて帰ってきたら、職場の上司がプログラムで教わったような行動をぜんぜんとっていなかった、というのでは、そのプログラムは効果がないどころか、逆効果にさえなりかねません。

日本では、海外で流行っているからという理由で、リーダーシップ開発プログラムを導入する企業が多いようです。しかし、私はそうしたプログラムからリーダーが生まれるとは思っていません。もちろんプログラムで知識やスキルを学ぶことに意味はありますが、リーダーシップを身につけるために欠かせないのは、その人自身の行動と実践、そして振り返りです。

したがって企業が、リーダーを育てたいと真剣に考えるのであれば、その人たちの職場での行動・実践・振り返りを支援すべきであり、金井先生が紹介なさったロミンガーのデータの通りだと思います。プログラムは、個別のスキルを教えることでそうした支援をよりよく補完する仕組みにすぎないのです。

組織にいるすべての人材はリーダーシップの可能性や能力を秘めており、リーダーの育成とは、その人のまだ発揮されていない可能性や能力を引き出すことだと私は思っています。さらに言うと、リーダーを育成する人は、まず自分自身をリーダーとして成長させようとしていなければなりません。リーダーは自分を成長させてこそ、他の人の成長を支援できるのです。

クーゼスとポスナーは、信頼性の高いリーダーはメンバーをリーダーへと変える解放者であり、人々に自分を他と差別化できるものであると信じ込ませ、人々の心の中に存在するリーダーシップ能力を解放すると述べています〔13〕。

ですから、あるリーダーのもと、組織のあちこちで、職位に関係なく新しい提案がなされたり、率先して行動する人が増えていたり、職域を越えて協力する関係が見られたり、その結果としてミスが早めに修正されたりといったリーダーシップが見られるようになったら、それはその組織のリーダーが成長している証です。組織の中で誰かが良質なリーダーシップを発揮し始めると、みんながリーダーシップを発揮し始めるのです。

自らがよりよいリーダーになろうとする旅は、ともに歩むリーダーを育てる旅でもあります。その道のりは、ひとり旅よりきっと楽しいに違いありません。

終章　リーダーシップのベース：「自己理解」と「自己受容」（増田弥生）

本書の冒頭で私たちは、リーダーシップは「みんなのテーマ」だと述べました。私は、リーダーシップは「誰でも」「どこででも」発揮できるものだという言い方もしました。

そのことは、私がたどってきた「旅の物語」を読んでいただいてもおわかりだろうと思います。私は下町生まれの気さくでおせっかいなふつうのおばさんです。グローバル企業で幹部を務めてきたといっても、リーダーシップを身につけようと血のにじむような努力をしてきたわけでも、必死で頑張ってきたわけでもありません。

ただ、よりよいリーダーであろうと常に意識し、周囲にフィードバックを求めながら、日々の積み重ねを大事にしてきました。職場の仲間たちと一緒に丁寧に、組織やチームに貢献することを念頭に仕事をしてきたつもりです。すばらしいと思える人の行動はお手本にしましたが、自分を他人とは比べずに、自分らしさを大切にしつつ、今日の自分を昨日の自分と比べて成長を実感できればいいと思って働いてきました。

しめくくりに、本書をここまで読み進めて下さった読者のみなさんに、あなた方が会社員だと想定したうえで、いくつか質問してみたいと思います。

【第一問】

あなたが初対面の人たちの前で自己紹介するとしたら、自分のことをどんなふうに説明しますか。想像して答えて下さい。ただし、国籍、年齢、出身地、家族構成、あるいは名刺や職務経歴書に記載されているような情報にはふれないで下さい。

（回答）

「私は　　　　　　　　　　　　　　　　　　　　　　　です」

いかがでしょうか。どんなふうに自分を紹介しましたか。

この質問で私が知りたかったのは、「あなたはどんな人か」ということです。

あなたは、自分らしさをふだんどう表現する人なのか。何があなたをうっとりさせ、何があなたをわくわくさせ、何があなたを奮い立たせるのか、どんなときにあなたは自分の身に代えても立ち向かいたいと思うか、どんなことに怒りを感じ、何を大切にして生きているのか……。そういうあなたのこだわりを知りたいと思って尋ねました。なぜなら、自分らしさやこだわりはあなたのリーダーシップの核となるからです。

あなたの職場にいる上司や同僚や部下の人たちは、あなたの職務上の役割が何であるか、能力や知識やスキルがどれぐらいのものかについては、すでによく知っていることでしょう。でも彼ら彼女らは、それのみによってあなたをリーダーだと思うのではありません。あなたがどんな価値観をもち、どんなときに立ち上がり、どんなときに人々の支えになるのかが感じられたとき、人はあなたを「ついていきたいリーダー」だと思うのです。

先ほどの質問で、自分のそういう部分にふれられなかった読者がいたら、もう一度よく考えてみて下さい。あなたにとっての自分らしさやあなたのこだわりを周りの人に伝えられるフレーズは何でしょうか。

【第二問】

現在、勤めている会社からあなたが去ったとしたら、職場から何が失われますか。想像して答えて下さい。


（回答）

「私が会社を去ると、職場は　　　　　　　　　　　　　　　　を失います」


この質問で答えてもらいたいのは、あなたが今の職場でふだん出しているインパクト、あなたがその組織にいる存在意義、組織側から見れば、あなたがいるおかげで果たされていることは何なのかということです。

あなたがいなくなることで、どんな「穴」が開くでしょうか。あなたが去ることで職場が失うのは、「代金回収の機能」でしょうか、「一日三着分の洋服の売り上げ」でしょうか。それとも「創造性」でしょうか。「明るさ」でしょうか。「規律」「刺激」「緊張感」あるいは「周囲の人たちのやる気」でしょうか。後任の人や他の人では代わりが務まらないあなたならではの在り方、引き継ぎ書には記載されなくても、残された人たちが実感するあなたならではの役割とは何でしょうか。

自分が出しているインパクトや自分の存在意義を知ることは、自分がその組織の中にどういうダイナミズムを生んでいるかという視点をもたらしてくれます。自分が生み出すダイナミズムがわかれば、他の人たちが組織において生み出すダイナミズムにも気づくでしょう。そうすると、自分が果たせていない役割を他の人たちが果たしていることがわかり、その人たちに対する感謝の気持ちが自ずとわいてくるに違いありません。仮にあなたが組織を束ねる立場にあるとしたら、その組織でまだ誰も果たしていない役割、まだ足りないもの、もっとあったらいいものが見えてくるかもしれません。それらをうまく人事異動や採用で補えれば、組織の同質化を防ぎ、柔軟性を高めることもできます。このように自分の組織におけるインパクトや存在意義を知ることは、組織全体を知ることでもあるのです。

【第三問】
あなたが勤めている会社を今すぐ去ることになったとします。五年後、あなたは会社に何を残した人物として紹介されたいですか。想像して答えてみて下さい。

（回答）
「私は五年後、会社に　　　　　　　　　を残した人物として紹介されたい」

この質問を通じて答えてもらいたかったのは、あなたが会社の中で、自分ならではの付加価値によって生み出す具体的な成果物は何かということです。成果物は有形無形を問いません。会社から報酬を受け取る代わりに、あなたは何をつくり出して会社に貢献したいのか。それを残すことによって、会社はどうよくなるのか。社会に何がもたらされるのかを考えてほしかったのです。

私たちは日々、ルーティンの仕事に追われています。毎日の仕事は細かいことの積み重ねです。しかし、それらを一つひとつこなすことで、私たちは会社に対して何かを創出し、社会に向けて何かを提供することができます。そうした成果物は、会社や社会の財産・遺産となります。したがって、第二問の質問の答えが「あなたがいるおかげでできる（起こる）こと」なのに対し、この第三問の答えは「あなたがいなくなっても組織に残るもの」です。

ここまで三つの質問に答えてみてどうだったでしょうか。自分で納得のいく答えが見つかりましたか。すぐにうまく答えられなかったとしても気にすることはありません。こうした思考には慣れが必要です。そこでトレーニングのために、おまけとして第四問をお出しします。

【第四問】
あなたは故郷を離れて都会で働いているとします。久しぶりに実家に戻ると、おじいさん・おばあさんや甥っ子・姪っ子に、「今、どんな仕事をしているの？」と質問されま

した。

おじいさん・おばあさんは高齢で、世間一般のビジネスにあまり詳しくありません。あなたが何の会社に勤めているか、どんな業務を担当しているかより、あなたがどんなことにやりがいを感じ、どんなことに喜びを見出して働いているのかを知りたがっています。

甥っ子・姪っ子は七～八歳ぐらいの小学生で、大人の世界に興味津々です。「その仕事って何をするの？」「どうしたら、その仕事ができるようになるの？」「もし誰もその仕事をしなかったら、世の中はどうなるの？」などとあれこれ質問してきます。

実際に聞かれたつもりになって答えて下さい。そして、その後でもう一度、第一問から第三問までを考えてみて下さい。

（回答）

「私は　　　　　　　　　　　　　　　　をしています」

＊

あなたにとっての自分らしさやこだわり、あなたが組織の中で出しているインパクトやその組織にいる存在意義、あなたが会社や社会に残したいと思っている遺産。これらを理解することは、前章で私がお話しした「自己理解」にほかなりません。

私たちはよく、誰かに自分の言うことをもっと理解してもらいたいとか、社員の意識を変えたいとか、組織の状態をよくしたいなどと考えます。それにはまず対象を理解することが必要となります。自分のことを誰かに理解してもらいたければ、その誰かのことを、社員の意識を変えたければ、社員のことを、組織をよくしたければ、組織のメンバーのことをまずちゃんと理解しなければなりません。

そして相手をよく理解するためには、自分をよく理解するという経験が欠かせません。先ほど出した質問のような自問自答を繰り返し、自分自身への理解を深めた人でないと、相手を理解しようにもその方法がわからないのです。自己理解ができている人が、相手に対する思い込みや決めつけを捨てて、相手の言うことに好奇心をもって耳を傾けることができてこそ、その相手をよりよく理解できるのです。

ビジネスにおいて、現状をあるがままに認識し、分析できる能力は、リーダーシップ発揮の土台となります。自己理解はこれを自分に対して行い、自分の成長につなげることにほかなりません。また、ビジネスの環境が常に変化しているのと同様に、自分自身も常に変容し続けています。だからリーダーは自己理解においても正確さを求められるのです。

自己理解は「自己受容」への重要なステップでもあります。ただし、すでに見てきたように、自己受容はそうたやすいことではありません。特に日本人は自己受容を苦手とするようです。謙譲が美徳とされるお国柄からか、自分に厳しい人が多いからなのか、「私はまだまだです」などと遠慮する人がたくさんいます。

しかし、考えてみて下さい。「私はまだまだ」と言う人たちは、いつになったら自信をもって「もう大丈夫」と言えるのでしょうか。どうすれば「大丈夫」なのでしょうか。たとえば「私にはまだ部長は務まりません」と言う人は、自分には部長としての何が足りないのかを具体的に理解しているのでしょうか。

「自分はまだまだ」と自己理解している人が、成長に向かって努力しているのであれば、「まだまだ」という謙虚な自覚には価値があります。けれども、現状に甘んじてそこから一歩も努力していなければ、その自覚は謙虚なものとは言えません。失敗を恐れるあまり、会社や組織やチームに対して貢献しようと思わない人は、自分の可能性を出し尽くしていないわけですから、結果的に自分に対しても不誠実な態度をとっていることにもなります。

　人生において、完璧な時機など滅多にありません。完璧な時機を待っているだけでは、人生はただ通り過ぎていきます。

　そう言うと、自分は待っているだけではなく、その間に本をたくさん読んだり、セミナーに通ったりしていると反論する人がいるかもしれません。もちろんそれは悪いことではありません。しかし、本書で何度も繰り返したように、少なくともリーダーシップに関しては、本で得た知識やセミナーなどで習ったことは、行動と実践と振り返りをへなければ、自覚できる力として身につくことはありません。

　私の経験にそって言えば、人生は見切り発車の連続です。「まだ若いのに」とか「経験不足なのに」とか「そんな高い役職に？」といった不安に襲われながらも、前に進まざるをえない場面の方が多いはずです。そういう場面に直面したとき、謙虚な気持ちをもちつつ、勇気を出して背伸びをし、自分に足りないものを埋めようと努力することで、人は成長します。できない自分を受け入れ、ときには厳しく、ときには愛情をもって自分と向き合うことで、できる自分に変わっていきます。

自己受容がうまくいっているときは、演じたり仮面を被ったりしないので自分に負担がかからず疲れません。また周囲からは自然体ととらえられることもあるでしょう。実際、私が出会った本物のリーダーたちは、みな自然体でした。

自分の潜在能力を引き出すプロセスはとても楽しいものです。自分にあるはずのギフト、もっているはずなのに使っていなかった能力を駆使するのは、誰にとっても心躍る経験となります。そのときの喜びは、子どもの頃、昨日より高い所から飛べたときや逆上がりができた瞬間の感覚、補助輪を外して自転車に乗れるようになったときの感覚にも似ています。

自己受容は、人を巻き込んでいくプロセスにも欠かせません。なぜなら、自分自身を巻き込めない、つまりその気にさせられない人に、他者を巻き込んで、その気にさせることはできません。「自分を巻き込む」とは、表現を変えれば、自分が心の底から何かを信じて行動できる状態であり、そういうときに、他の人はその人を信じてついていこうという気になるのです。自己受容ができている人は、自分を認め、信じ、許すことができます。そして自信をもちつつ、謙虚に成長を続けます。その度合いの大きさは、そのままリーダーとしての器の大きさとなり、他者を認め、信じ、許し、その成長を支援することにもつながっていきます。

思えば、私の周りにも、私を認め、信じ、許し、成長を支援してくれた上司や同僚や部下たちがたくさんいました。その人たちは、私を見守ってくれ、ときには手を差し伸べてくれたり、背中を押してくれたりしました。おそらく、彼ら彼女らも私と同じような苦労をしたことがあったのでしょう。できなかった頃の自分を受け入れた経験があったからこそ、大きな度量をもって、私の未熟さを受け入れてくれたのだと思います。

リーダーシップをとる。そのために行動を起こす。それは確かに勇気がいることです。自分がやろうとしていることは会社や組織のためになり、けっしてエゴや功名心だけにとらわれた行動ではないと確信できたとしても、いざ実行に移すとなると、ひるんでしまいそうになります。

そんなときは、「最悪の事態」を想像してみて下さい。あなたが勇気を振り絞って行動することで、最悪の場合、どんな事態が起きるか。あるいは行動しないことで、最悪の場合、どんな事態が起きるか。この二つに考えをめぐらし、今、何があなたを躊躇させているのかを考えてみて下さい。そして行動した場合と行動しなかった場合のどちらで、より自分は後悔するだろうかと想像してみて下さい。

私は、やることによる後悔より、やらないことによる後悔の方が大きいようだったら、行動するようにしています。たとえ時機が完璧でなく、見切り発車になったとしても、後悔の少ない方を選びます。

それに、「最悪の事態」を一度想定してしまえば、たいがいのことは大したことはないと感じられるようになるので、その後は、ワクワクすることが満載の楽しい旅となると私は信じています。

人はワインとは違います。樽の中でじっとしたまま、時が過ぎるのを待っていても、熟成することはないのです。

＊

最後に、本書をつくることになったきっかけと、最近感じることについてもふれておきたいと思います。

ナイキでの仕事を終え、帰国のご報告に金井壽宏先生の研究室にお邪魔したとき、「あなたは日本人の会社員としてとても珍しくて貴重な経験をしているから、本を書くといい」と勧めていただきました。そのときは「とんでもない！」とお断りして、その場を後にしました。

しかし先生からは引き続き熱心なお誘いがあり、激励もいただくうちに、あるいは私のようなけっしてスーパースターではない会社員の話でも、どなたかのお役に立つのかもしれないと思うようになり、自分の「旅」を公開しようと決意した次第です。本人でさえ不思議に感じるキャリアの展開に金井先生の洞察が加わることで、読者に何らかのヒントがもたらされれば幸いです。

現在、私は再び名刺なし・肩書きなしのフリーター生活に戻り、ご依頼があれば、さまざまな場所でコンサルティングやワークショップなどをお引き受けして過ごしています。そうすると、そこで出会った人から「うちの役員に会って話をしてくれませんか」と声をかけていただくことがあります。社交辞令かしらと思っていると、後日メールで連絡が来て、実際に経営幹部の方とお目にかかれることもあります。

そういう会社には間違いなく、リーダーが育ちやすい風土があると私は実感しています。なぜなら、その社員の方は当事者意識をもち、「社長目線」で会社全体のことを考えて、私を自社の幹部に引き合わせて下さったのだろうと思われるからです。幹部の方も、社員たちの思いや視点を「社員目線」で理解し、尊重しているからこそ、わざわざ私と会う時間を割いて下さったのでしょう。階層を飛び越して幹部に意見具申できる社員も、社員の意見を好奇心をもって柔軟に聞き入れる幹部も、ともにすばらしいと思います。

企業に招かれてワークショップを開いたりしていると、企業側の対応から、その組織風土が想像できることもあります。

おおざっぱに言って、ワークショップによって出したい成果にこだわる企業と、ワークショップの細かい内容や時間割などにこだわる企業に分かれます。言うまでもなく、前者のタイプの方がリーダーを輩出しやすい企業です。

一方、後者のタイプの企業はやや気がかりです。もちろん社員のためによかれと思って事前準備に余念がないのでしょうけれど、そういう会社側の対応は、社員を萎縮させ、「何事も事前に上層部に報告しておく方がいい」と思わせたり、過度に慎重なアプローチをとるクセをつけたりするおそれがあります。そのような会社が、たとえば「変革するリーダーの育成」や「イノベーション」を組織のテーマに掲げても、会社として目指す方向性と社員の日常の行動が一致していない状況では、風土の変容は起こりにくく、リーダーも育ちにくいのではないかと思われます。

企業がリーダーを輩出するかどうかは、その企業における組織風土、言い換えれば日常の行動のすべてがカギとなります。育成研修は、参加した社員に振り返りや気づきをもたらすきっかけにはなりますが、振り返りや気づきを生かせないような土壌の組織では、残念ながら研修にかけた投資は回収されないでしょう。

日常の行動の中でも特に重要なのは、経営幹部層の在り方です。幹部同士が本当にお互いのよさを生かし、助け合い、成長を支援し合っているかどうか。会社の理念や価値観を反映した行動や決断をとっているかどうか。好奇心をもって社員に質問したり、助けを求めたりする柔軟さをもっているかどうか。そういった幹部たちの在り方が組織風土のベースとなり、その企業でリーダーが育ちやすいかどうかを決定づけます。私がこれまで、さして苦労を感じずに、組織の中で経営幹部と言われる経験をしてこられたのも、そういう上司や組織に恵まれたからです。

＊

これまで私はキャリアの途中でしばしば立ち止まり、内省を繰り返してきたつもりですが、ここまで詳しく自分の過去を振り返ったことはありませんでした。

本にまとめる以上、出来事が起きた年代や順序には正確を期さなくてはならないと思っていたところ、偶然にもナイキ時代の上司やリーバイス時代の上司が来日することになり、当時のことについて話す機会を得ました。リコーからもたまたまワークショップをやってほしいとのご依頼をいただき、懐かしい方々とのお話を通じて歴史考証（?）をさせていただきました。また、リーバイス時代の仲間たちとはサンフランシスコでも会い、昔話に花を咲かせながら旧交を温めることもできました。

これらは、今まで私がいかに多くのすばらしい人たちに支えられていたのかを再確認する機会となりました。本当に楽しく意義のある会社員生活を送ってきたと改めて感謝の気持ちでいっぱいです。リコー、リーバイ・ストラウス&カンパニー、ナイキ・インコーポレーテッドは私にとって母校のような存在です。

本書をつくるにあたっては、長時間の対談を繰り返しました。本づくりに不慣れで、突拍子もない質問やコメントをする私に辛抱強くお付き合いいただいた金井先生には、どうお礼を申し上げてよいかわかりません。知識や見識のあふれるお話をしばしばさえぎってしまう私への寛大さ、この本のスタイルを新しい挑戦と前向きに受け止めて下さった柔軟さに心から感謝しています。

私の話に耳を傾け、質問を出し続けてくれた光文社新書の黒田剛史さんとライターの秋山基さんにも感謝します。お二人との対話がなければ、ここまで自分のことを語ることはできませんでした。

本づくりと並行して、両親ととても密度の濃い時間をもつこともできました。そこでの会話からも、今の私があるのはこの両親の愛情あってのことだと深く再認識しました。よって、おそらく私にとっては最初で最後になるであろうこの一冊を両親に捧げるお許しをいただきたいと思います。

〈注釈〉

〔1〕金井壽宏『働くひとのためのキャリア・デザイン』（PHP新書、二〇〇二年）

〔2〕そんなことがあるのかなといぶかしむ向きがいたら、ジョセフ・ジャウォースキーの自叙伝的リーダーシップ論『シンクロニシティ』（金井壽宏監修、野津智子訳、英治出版、二〇〇七年）や、パウロ・コエーリョの小説『アルケミスト』（山川紘矢・山川亜希子訳、角川文庫、一九九七年）、あるいは、ぶっ飛びだが、分析心理学者C・G・ユングの議論にふれてみるのがいい（金井）。

〔3〕邦訳書は『リエンジニアリング革命』（野中郁次郎訳、日経ビジネス人文庫、二〇〇二年）

〔4〕Ed Cray, LEVI'S：邦訳書は『リーバイス』（喜多迅鷹・喜多元子訳、草思社、一九八一年）

〔5〕「リーバイ・ストラウス　価値観の経営」『ダイヤモンド・ハーバード・ビジネス・レビュー』（二〇〇七年十一月号、ダイヤモンド社）掲載の訳文より。

〔6〕The Leadership Challenge：邦訳書は『リーダーシップ・チャレンジ』（金井壽宏監訳、伊東奈美子訳、海と月社、二〇一〇年）

〔7〕Transitions：邦訳書は『トランジション——人生の転機』（倉光修・小林哲郎訳、創元社、一九九四年）

〔8〕「入門・コーチングとは何か」『ダイヤモンド・ハーバード・ビジネス・レビュー』（二〇〇一年三月号、ダイヤモンド社）

〔9〕M・ユシーム『九つの決断』（鈴木主税訳、光文社、一九九九年）。原著タイトルはThe Leadership Moment（『リーダーシップの瞬間』）

〔10〕J・バダラッコ『「決定的瞬間」の思考法』（金井壽宏監訳、福嶋俊造訳、東洋経済新報社、二〇〇四年）

〔11〕『千の顔をもつ英雄』（平田武靖・浅輪幸夫監訳、人文書院、一九八四年）

〔12〕『リーダーシップ入門』（金井壽宏、日経文庫、二〇〇五年）にある程度詳しく紹介してある（金井）。

〔13〕『信頼のリーダーシップ』（岩下貢訳、生産性出版、一九九五年）

解説（金井壽宏）

轍が後につく旅をどのように歩むか

わたしは、キャリアの語源は「馬車の轍《わだち》」であるということを、これまで何度か（たとえば拙著『働くひとのためのキャリア・デザイン』などで）指摘してきた。この語源にそって考えるのは、素敵なことだし、教訓も多いと思う。

素敵だという理由は、人は仕事だけのために生きているのではないが、自分が仕事の世界で歩んだ轍がキャリアであるのなら、それは、いろんな意味で、自分らしさの表明だからだ。「career」はキャリアを歩んだ「足跡」であり、この言葉は「carrier（運送業者、保菌者、より一般的には、運ぶもの）」と同語源でもある。わたしたちが引っ越しをするとき、その荷物のなかには、思い出や、現在打ち込んでいる仕事や趣味にかかわるもの、大事にしているものが含まれるだろう。演奏家、たとえばピアニストが住まいを変われば、ピアノが運ばれていく。人間が「運ぶもの」のなかには、自分のなかに住まうものがある。心を運ばずにキャリアを歩む人はいないだろう。

公衆衛生に従事する人なら、キャリアと聞けば、「保菌者」を思い出すかもしれない。もっているものが文字通りの病だと困るが、わたしたちは、いい意味でも「〇〇病」という言葉を使う。ある人が、キャリアのどの歩みを見ても情熱をもって歩んでいたら、それは、熱血漢の旅であり、その人は「熱血病」であったと言える。

この「保菌者」という喩《たと》えも、だから悪くない。ユング派の心理学者たちは、「あなた自身の神話、物語は何ですか」と問うが、これをひとひねりすれば、キャリアのインタビューにおいて、「あなたの長い仕事生活を振り返って、他者から『〇〇病』と言われるほど、大事にしてきたことはありませんか」と問いかけることができるだろう。

轍という語源が素敵だと言ったのは、引っ越し荷物にせよ、〇〇病という自分の神話や物語にせよ、自分らしさにかかわるからだ。たった一回限りの自分の人生と重なり合う、仕事の世界での自分の長期的歩みがキャリアである。

キャリアの語源が轍であることが意味する最良で最高の教訓は、それは、自分の前にできるのではなく、自分の後ろにできるということである。人は、そのときどきで試行錯誤しながらも、がんばって、あるいはときには落ち込んでも、また復活して歩み続ける。三年すれば三年の足跡が、一〇年歩めば一〇年分の軌跡が、五〇年以上歩めば、ほぼ人生と重なりあうような軌跡パターンができあがる。

すでに本書のなかでもふれたように、増田さんはキャリアの節目においては内省（リフレクション）をし、自分なりの基準をもって、大まかであっても次の方向を選んできた。また、リフレクションをアクションに結びつけることができているので、次の動きがいつもはずむ。

彼女のそうした特徴は、たとえば、リコーで秘書に抜擢されたものの、向いていないとわかり、向いていない理由とやりたい仕事について文章を書き留めたり、ジョイントベンチャーでの経験と教訓を得て、人事部門への異動を希望したりといった行動に表れている。リーバイスへの転職話と、組織開発というニューワールドへのいざないは、自分から求めずとも向こうから、しかもタイミングよくやってきた。

実行モードのときの増田さんは動く。だからリーバイスをやめて、蟻を見て過ごしていても、いったんリーダーシップのプログラムを立ち上げようと決めたら、すぐにロケハンに出かけるし、商標登録もしてしまう。世界に向けてリーダーシップを発揮する日本人のロールモデルになろうという決意も固める。そんなとき、ナイキから声がかかったのだが、これは、願うものを引き寄せるような動き方、いい偶然に向かっていく準備やアクションのブレンドが絶妙にできているからではないかと思えてならない。

HRMとしての「人の問題」

増田さんが、その旅路を通じて身につけられたのは、組織開発（OD）という実践的専門知識と、リーダーシップ発揮力である。本書では、どちらかというと、リーダーシップに焦点を当ててきたが、組織開発もリーダーシップも、組織を勢いづけ、組織を変えることにかかわっている。「勢い」と「変革」の両方の言葉が並ぶことに意味がある。勢いづいているだけで何も変わらなかったら、カラ元気であり、変革の旗振りをしても、皆が疲れたままで、本当の元気や勢いにつながらなかったら、あるいは組織は大きく変わっても、（言葉のあやだが、心理的にも肉体的にも）「戦死者」だらけだったら、最悪だ。

「勢い」と「変革」、その両方をポジティブにできるのが、増田さんという人であり、彼女自身は、今日の自分があるのは、「HRの花形時代」だった頃のリーバイスのおかげだと語る。そこで、そのような時代認識と、あわせて組織開発とは何なのかについて、やや長くなるが補足しておきたい。

人の問題、とりわけ人間関係の大切さに気がつく前の経営学の黎明期は、課業管理（task management）と、標準を上回る出来高へのインセンティブ管理の時代だった。世紀の変わり目に、科学的管理法がそんな狼煙《のろし》をあげた。一九三〇年代には、工場の照明や作業者の疲労の影響を調べるために始まった調査が、結果的には、人間関係の重要さに気づいた。経営には、課題（ビジネスそのものに直結した課題）、システム、インセンティブなどにかかわる側面と、（課題を実現する）人にかかわる側面、たとえば、人間関係、注目、配慮などという側面のふたつがある。本当は両方が大事に決まっているのだが、その後、経営学発展の歴史と経営実践のなかの流行（management fads）は、「課題（ビジネス）の極」と「人間（ピープル）の極」の間を振り子のように揺れ動いてきた。順を追って記すと、左記のようになる。

一九〇〇年代〜　科学的管理法　〈課題〉
一九三〇年代〜　人間関係論　〈人間〉
一九五〇年代〜　意思決定論　〈課題〉
一九六〇年代〜　新人間関係論＝人的資源管理論　〈人間〉

一九七〇年代〜　組織の環境適応理論　〈課題〉
一九七〇年代〜　分析的戦略論（プロダクト・ポートフォリオ・マネジメント）〈課題〉
一九八〇年代〜　組織文化論　〈人間〉
一九九〇年代〜　ビジネス・プロセス・リエンジニアリング（ＢＰＲ）〈課題〉
一九九〇年代〜　エンパワーメント　〈人間〉

ちなみに、リーダーシップ論をかじったことのある人ならご存じの通り、この課題と人間というふたつの軸は、リーダーシップの基本軸でもある。何事か（課題）をともに（人間関係によって）成し遂げるのが、リーダーシップであるから、当然と言えば当然なのだが、黎明期のハーバード大学、オハイオ州立大学、ミシガン大学、わが国の九州大学（後に大阪大学）などでのリーダーシップ研究では、この二軸が「不動の二軸」であるかのごとく、繰り返し発見されてきた。

さて、こうした流れのなかで、同じく、人の問題を重視しながらも、人間関係論（human relations model）と人的資源管理論（Human Resource Management：ＨＲＭ）が区別される。前者は、人間関係や集団に愛着をもつのはいいが、その分、どこか依存的な人間モデルを想定している。これに対して、後者からは、人間には、まだ未使用のたいへんな可能性があるはずで、ビジネス界はそれを十分に生かせておらず、成熟した成人の力をもっと活用すべきだという発想が生まれてきた。

レイモンド・E・マイルズが、この両者を対比したとき、HRMを特徴づけたキーワードは、「まだ封印が切られていない人材（untapped human resources）」という言葉であった。人間のもつ大きな可能性、ルーティンをこなすだけでなく、創造し、変革を起こし、その当事者を自己実現させ、仕事を楽しむ主体に仕立てるのが、HRMだというわけである。そういう積極的な人間モデルを、マイルズはHRMと呼び、集団や組織、権限や権力に対してやや依存的な人間モデルと対置した。

人事部門が「personnel management」から「Human Resource Management：HRM、HR」と名前を変えていった背景には、このような人間観や組織観の変遷がある。ついでながら言うと、上記の人間関係論も人的資源管理論も、アルファベットの略称にするとともにHRMになるが、「Human Relations Management」という用語はないので、HRMというときには「Human Resource Management」を指す。増田さんがHRと言及されているときも、すべてこちらを指す。

また、HRMは、増田さんが強調されるように、ビジネスとのつながりなくしては成り立たない。それゆえ一九八〇年代以降は、HRMと戦略とのつながりがより強く意識されるようになり、SHRM（Strategic Human Resource Management：戦略的人材マネジメント）の時代に入った。

組織開発を築いた人たち

一人ひとりの力を伸ばしたいという試みは重要だし、ラインマネジャーになるころには、コーチングになじむことも大切だ。しかし、そうしたことを個人相手に行うだけでなく、集団・組織ぐるみで実践し、集団や組織を望ましい方向に変えていく必要もある。その方法と基盤にある考え方が組織開発であり、今後、日本のラインマネジャーにも、人材開発の専門家にももっと身近に学んでもらうべきテーマになっていくであろう。

わたしがお世話になったMITスローン経営大学院は、アクション・リサーチと組織開発の開祖であるK・レヴィンがいた影響が色濃い。レヴィンは英国ロンドンにタビストック人間関係研究所を創設し、米国に来てからはメイン州のベセルにNTLを設立し、これを組織開発の世界センターに育てた。

レヴィンがMITにいる間に残した、すばらしい格言がふたつある。ひとつは、「よい理論ほど実践的なものはない」という言葉であり、もうひとつは、「人から成り立つシステムを理解する最良の方法は、それを変えてみようとすることである」という言葉であった。この教えに、MITにおける組織論のリーダーだったダグラス・マクレガーは忠実で、自身がMITに招いた（当時は若手で今では重鎮の）ウォレン・ベニスとエドガー・H・シャインを、キャリアの初期から、NTLに通わせた。

組織に調査依頼状を書いて送り、いくら方法論的には厳密でも、研究者の都合で勝手な調査をさせてもらう方法には限界がある。むしろ、「困っている組織」に招かれて、さらにはトップと接するほどに深く入り込み、クライアント組織が望む方向に変化が起こるように、変革プロセスに同行するやり方の方が、相手にも役立つし、実践に役立つ臨床の知を組織論に創造的に付加できる。これを提唱したのがシャインであり、その手法はプロセス・コンサルテーションとも、組織論における臨床的（クリニカル）アプローチとも呼ばれている。

最近では、この流れは、会社に限らず、家族やプライベートライフも含めて、相手に本当に役立つ形での支援の仕方を探る「支援学」にまで発展してきた。

産業社会の側で、こうした動きを受け止めたのは、HRMに新風を注ぎたいと思った人たちである。人の管理をするだけの人事管理に飽きたらない人たち、組織を変革する駆動因となる人材に活躍の場を与え、育てる（研修もするが、それをメインにしない）ニューウェーブのHRMを目指す人たちにアピールしたのが組織開発であった。

本書の中で、増田さんは、リーバイス日本法人の「組織開発部長」になった九〇年代初頭には、組織開発とは何なのか、知り合いの誰に聞いても知らなかった、と回想しておられる。これはまったくその通りで、その頃の日本では学界でも実社会でも、組織開発に詳しい人はほとんどいなかった。学界では、横浜国立大学の稲葉元吉、立教大学の土方文一郎の両教授ぐらいが例外であった。神戸にあるP＆Gファーイーストの人事部の人が「組織開発についてもっと知りたい」と言って、わたしの研究室に来られたこともあった。

増田さんが師事したグルたち

そうした時代状況を踏まえても、増田さんが、リアルタイムで、しかも組織開発ベースのHRMで先進的な企業で積んだ経験は、貴重なアセットだと思う。リーダーシップ教育のJ・クーゼスとB・ポスナー、個人の脱皮・変革を扱ったW・ブリッジズ、エンパワーメントのP・ブロック、こういう先人たちから、直接、継続的に学んだというのは、たいへんなことである。

といっても、いわゆる有名人礼賛みたいな話ではない。有名人コンプレックスをもっている人に限って、すごい人に学べたという名前だけを強調してしまうのだが、わたしが名前を挙げるのは、その学説、考え方、発明したツールへの敬意ゆえである。そこから何を、どのように深く学び、それをどのように実践に生かそうとしてきたのかが肝心なのだ。その点を踏まえたうえで、固有名詞をそこそこ出してしまうのをお許しいただきたい。

クーゼス＝ポスナーについては、すでに本書の対談部分で少し説明しておいた。学問的に超一流なのに、あまり役に立たない研究もあるとしたら、クーゼス＝ポスナーの特徴は、ある程度しっかりした研究を踏まえながら、リーダーシップの自己学習や研修に役立ててもらうことを主眼にした業績を残してきた点にある。その彼らとともに、増田さんは、リーバイスの実情に合わせたプログラムをテイラーメイドで実施してきた。

ちなみに、わたしが以前、アメリカ経営学会における学会会長の講話つき昼食会（ランチオン）——といっても、おそらく一〇〇〇人以上入るボールルームでの開催——に出席したときのこと、隣の人に何気なく自己紹介したところ、それがなんと、ポスナー先生であった。学会の規模、会場の規模からすると、ふつうはありえない偶然であった。

その学会会場には、たくさんの出版社がブースを設けており、驚いたことに、注にも挙げた『The Leadership Challenge』を用いて研修を実施する人のための、トレーナーズ・マニュアルも販売されていた。ものすごく厚いファイルで、円で計算すると一〇万円ぐらいの値段だったが、ポスナー先生と話し込むことができた記念にと購入を決めた（ところが、どのような手違いか、日本に届かず、代金の引き落としもなかった。アマゾン等では売ってないものなので、重くても、現品で購入して持って帰ればよかった）。

組織変革の基礎文献——ブリッジズ

増田さんがチェンジマネジメントを直伝されたW・ブリッジズは、人生の転機、変わるべきときに、うまくその時期を越えられなかったり、越えるのに苦労している人たちのグループセラピーを行ってきた人だ。そこから、人が変わるために意識すべきわかりやすいモデルを提示した。それは、「終わり→中立ゾーン→始まり」という単純な3ステップモデルである。

具体例を挙げよう。ブリッジズのグループセラピーに、結婚二年後に第一子を授かった女性が来ていた。この女性は思ったよりも手がかかる子育てにとまどっていた。その怒りは、子どもの夜泣きがひどいときも「明日、朝が早いから」と手伝ってくれない夫にぶつけられ、子育ての仕方を教えてくれなかった母親、はてはセラピーの会に居合わせたメンバーにも向けられた。

ブリッジズのモデルでは、この女性の状況や心理を次のように読み解く。

すなわち、この女性は、「待望のベビーのいる家族三人の生活」という「始まり」ばかりを展望してきたが、実際にそれが到来すると、てんてこまいになっている。その理由としては、子育てのコツがまだわかっていないということもあるかもしれない。しかし、より深いレベルでの理由は、何かが始まる前には、必ず「終わり」があり、その「終わり」から「始まり」へ移行する途中の段階として、「中立ゾーン（neutral zone）」があるという認識が乏しい点にある。

赤ちゃんのいる生活とは、赤ちゃんが中心になる生活であり、それまでの、夫婦ふたりだけで、ゆっくり映画を見たり、静かなレストランでディナーをしたりという生活のシーンは、いったん終息する。要するに、ふたりがプライベートライフでは互いに相手を○○％独占しているという状態が終わる。何かが始まるためには、終わらなければならないこと、終わってしまうことがいっぱいあるのだ。

そこで大切なのが、中立ゾーンの過ごし方だ。中立ゾーンとは、終わったといえば終わっているし、まだ何かを引きずっていて、かといって、まだ、始まりを十全的には実感できない、宙ぶらりんな時期を指す。サーカスの空中ブランコに喩えれば、ひとつのブランコからもうひとつのブランコに飛び移るときには、前のブランコから手を放さないと飛べない。思い切って、手を放した後、手前から迫ってくるブランコに手をかけるまでは、どちらのブランコにも手が届いていない状態にある。これが、いわば心理的な中立ゾーンで起こっていることだ。

人生の転機を上手《うま》く乗り切るには、中立ゾーンを積極的に生きる必要があるとブリッジズは言う。子どものいる生活への移行期にいる女性であれば、まだもうすこしふたりで気楽にしていたいから、子どもは早いかなぁとか、友だちを見ていると育児でけっこうたいへんなようだから、それなりの覚悟はした方がいいのかなぁとか、自分は母親になる実感をあまりもたないまま、赤ちゃんのいる生活がいいとイメージしているだけかなぁなどと、いろいろ考えて、悩んで、友だちやほかのお母さんとも話し合ったりして、その結果、中立ゾーンをしっかりくぐったと思えるようになったら、始まりへの移行はより円滑になる。

このようなブリッジズのモデルが、経営学における組織変革やリーダーシップの研究に影響を与えたのにはわけがある。それは、経営者も経営学者も、言葉のあやで「組織が変わる」「組織を変える」と言うが、つまるところ、その組織で働く大半の人々が変わらない限り、組織は変わらないからだ。したがって、組織変革の基礎理論や基本的技法を探すとすれば、それは、困っている人が変わるのを支援する人たちの学問分野、すなわち臨床心理学やカウンセリング心理学ということになる。経営学や経営の実践のなかでブリッジズの名前が知られるようになったのは、変革型リーダーシップの研究で名高いノエル・ティシーがブリッジズ・モデルに注目したのがきっかけだった。

どの組織も、今のままでなんとかなると思っている限り、何も変わらない。変わるのにはエネルギーがいるからだ。変わることに本当にエネルギーを注いでもらいたかったら、経営者は組織のメンバーに、今まで慣れ親しんだ世界が終わりに近づいていることを、きらんと知らせないといけない。

しかし、困ったことに、経営者は往々にして、これから向かうべき方向やビジョン、これから「始まる」世界や「始まってほしい」世界を語るのが常で、「終わったもの」「なかなか忘れられないもの」を払拭《ふっしょく》するための努力は怠りがちだ。それは、通常、リーダーは大声を出して、旗を振って、こちらに向かうんだと強引に人を引っ張るものだと思われているせいでもある。

危機感に訴えるのは、「何かが終わった」ことを意識させるのには効果があるが、組織のメンバーそれぞれに中立ゾーンをしっかり感じてもらうためには、今までのやり方が通用しなくなったときに、変わる必要性を自分で考え、感じてもらう必要がある。一人ひとりの個人に、どう変わればいいか、どのようなビジョンが必要かを自分の頭で考えてもらい、変わることの痛みとビジョン通りにうまく変われたときの喜びなどを、自分の感情に正直に話し合ってもらう機会がいる。

臨床心理学に近いようなブリッジズの文献が、組織変革の基礎文献となったのは数奇なことだ。ブリッジズの著作はたくさんあるが、ここでふれた内容と密接な書籍は、増田さんが原書で読み、注にも挙げられている『トランジション――人生の転機』であり、臨床心理学者の倉光修さんと小林哲郎さんが訳している。学問的に正確な訳になっているだけでなく、読みやすい。

スチュワードシップとエンパワーメント――P・ブロック

組織開発、コーチング、プロセス・コンサルテーションといった方法は、どれも、ぐいぐい引っ張っていくタイプのリーダーシップとは異なり、より微妙な影響力をクライアントに対して持続する。最近は、リーダーシップ論のなかでも、セルフリーダーシップ、サーバントリーダーシップ、静かなリーダーシップなど、やはり力ずくのリーダーシップとは異なるタイプのリーダーシップが注目されつつある。

増田さんが影響を受けたというP・ブロックは、共通善の執事をイメージし、私利を追いがちで非倫理的な経営者のリーダーシップに代替するものを示すために、スチュワードシップ（執事型リーダーシップ）を提唱した。

ブロックはエンパワーメントの提唱者でもあり、統制・指揮する従来型のリーダーではなく、メンバーをエンパワーするという意味でも執事のようなリーダーの在り方を探った。近作『Community（コミュニティ）』（邦訳なし）では、ビジネス、学校、ソーシャル・サービス、政府など足並みが揃わない——断片化と呼ぶ——複数の組織からなるコミュニティに所属しつつ、この断片化を是正するようなスチュワードシップの在り方にも関心を寄せている。

またブロックは、コンサルティングの腕を磨き、クライアントに役立つためにどうすればいいかを指南するハンドブックも書いている。その主張にそって言えば、組織開発の専門家は社内コンサルタントであり、実際に変革をリードするラインマネジャーや事業責任者のリーダーシップを執事のように支援しながら、増田さんが自覚的にそうされたように、自身もリーダーシップを発揮するのが望ましい、ということになるだろう。

本書のきっかけ

思えば、今回、わたしたちが共同で書籍を著すきっかけとなった出来事は、かなり以前にさかのぼる。

かつて神戸大学に、ラグビー元日本代表監督の平尾誠二さん、ＥＱジャパンの開発責任者であった松下信武さん、ＣＴＩ（The Coaches Training Institute）でライセンスを取られた榎本英剛さんをゲストに招き、会合を開いたことがあった。

そのとき、榎本さんが増田さんと共同で『ダイヤモンド・ハーバード・ビジネス・レビュー』（二〇〇一年三月号）に書かれた論文「入門・コーチングとは何か」を紹介させていただいた。会場には、当時、リーバイス日本法人の人事統括本部長だった増田さんもおられ、パネル討議のときはオーディエンスとして参加されていた。本当は舞台の上にあがってもらったらよかったと今は思ってしまう。

当時もそうだったが、飄々《ひょうひょう》と存在し、発言し、人と接する増田さんの組織開発へのかかわりの深さ――その意味ではコーチングは組織開発の一部でしかない――、また、聞けば聞くほど興味あるキャリア――それをご本人は「ふつうの人です」と言ってのける――に惹かれる人は多い。

本書でも詳しく語っていただいた通り、増田さんはリーバイスを去った後、三年間の充電期を過ごして、ナイキ・アジア太平洋地域本社で人事トップの経験をされた。現在は再度の充電期に入っておられる。帰国後、彼女から連絡をもらったわたしは、「すごい」経験をしておられると改めて思い、人材マネジメントにかかわりのある知人に紹介の輪を広げた。

それに先だっては、敬愛する研究仲間の高橋俊介さん（慶應義塾大学大学院教授）が、早い時期から増田さんの活躍ぶりを知り、サンフランシスコのリーバイス本社へ、またオレゴン州はビーバートンのナイキ本社に彼女を訪ねておられる。そして、高橋さんのテレビ番組に増田さんはゲスト出演もしている。フットワークのいい人たちは、想う方向、願う世界をともに探るために、このように自然につながりあっている。

今回、わたしが増田さんと共同作業をするにあたっては、（本人は「ふつう」と言われるが）少なくともわたしにとっては興味のある彼女の「すごい」キャリアと、リーダーシップの実践的持論を解読できるようなコラボレーションができればと思った。それが本書のきっかけであり、完成までの駆動力の半分で、残りのより重要な半分は、増田さんの経験そのものの良質さと、増田さんスタイルの語り口の誠実さであった。

そして、この半分ずつの本書へのインプットを支えてくれたのは、光文社新書編集部の黒田剛史さんとライターの秋山基さんであった。特に第二章から四章までの増田さんの語りの編集・構成は、おふたりのご尽力によるところが大きい。

本書が、読者一人ひとりのなかのリーダーシップを目覚めさせるきっかけとなれば、幸いである。

増田弥生（ますだやよい）
前ナイキ アジア太平洋地域人事部門長。専門は企業のグローバル戦略推進のためのリーダーシップ開発・組織開発。リコー、リーバイスを経てナイキ米国本社へ。現在はフリー。自らもグローバルリーダーとしてアメリカをはじめ世界各地で、企業価値の世界規模での浸透と向上に主眼をおいた組織作りや、グローバルリーダーの発掘と育成に長年携わる。

金井壽宏（かないとしひろ）
神戸大学大学院経営学研究科教授。1954年、兵庫県生まれ。Ph.D.(マサチューセッツ工科大学)。リーダーシップやキャリア、モチベーションなど、人の発達や心理的側面に注目する。著書に『リーダーシップの旅』『リフレクティブ・マネジャー』（以上、光文社）など。

リーダーは自然体《しぜんたい》 無理《むり》せず、飾《かざ》らず、ありのまま

2010年6月20日初版1刷発行

著　者 ── 増田弥生　金井壽宏
発行者 ── 古谷俊勝
装　幀 ── アラン・チャン
印刷所 ── 萩原印刷
製本所 ── ナショナル製本
発行所 ── 株式会社光文社
東京都文京区音羽1-16-6(〒112-8011)
http://www.kobunsha.com/
電　話 ── 編集部03(5395)8289　書籍販売部03(5395)8113
業務部03(5395)8125
メール ── sinsyo@kobunsha.com

ISBN 978-4-334-03567-9

光文社新書

150 **座右のゲーテ** 壁に突き当たったとき開く本　齋藤孝

「小さな対象だけを扱う」「日付を書いておく」「論理的思考を封印する」――本書では、ゲーテの〝ことば〟をヒントにして、知的で豊かな生活を送るための具体的な技法を学ぶ。

176 **座右の諭吉** 才能より決断　齋藤孝

「浮世を軽く視る」「極端を想像す」「まず相場を知る」「喜怒色に顕わさず」――類い希なる勝ち組気質の持ち主であった福沢諭吉の珠玉の言葉から、人生の指針を学ぶ。

177 **現代思想のパフォーマンス**　難波江和英　内田樹

現代思想は何のための道具なの？　二〇世紀を代表する六人の思想家を読み解き、現代思想をツールとして使いこなす技法をパフォーマンス（実演）する。

290 **論より詭弁** 反論理的思考のすすめ　香西秀信

なぜ、論理的思考が議論の場で使えないか。その理由は、それが対等の人間関係を前提に成立しているからである――対等の人間関係などない実社会で使える詭弁術の数々！

353 **座右のニーチェ** 突破力が身につく本　齋藤孝

規制や抑圧を打ち壊し、突破したニーチェのことばから、保身や恐れを克服し現代を生き抜くヒントを学ぶ。心に溜まった垢を洗い流す「座右」シリーズの第三弾。

406 **難解な本を読む技術**　高田明典

フロイト、ラカン、ウィトゲンシュタイン、デリダ、ジジェク…。偉大な哲学者たちの難解な思想を、読書を通していかに自分の中に取り込み血肉化するか、その技術を紹介する。

457 **影響力** その効果と威力　今井芳昭

「人は近くにいる人を好きになる」「人は漏れ聞いたことに感化される」「集団で話し合うと意見が極端になる」――多数の事例をもとに心理学的見地から明らかにする〝影響力〟の実態。

188
ラッキーをつかみ取る技術
小杉俊哉

人の評価を気にしない、組織から離れてみる、嫌なことはしない、絶対にあきらめない……。キャリアが見えない時代に、こちらから積極的にラッキーを取りにいくためのキャリア論。

210
なぜあの人とは話が通じないのか？
非・論理コミュニケーション
中西雅之

交渉決裂、会議紛糾――完璧な論理と言葉で臨んでも、自分の意見が通らないのはなぜ？　コミュニケーション学の専門家が解説する、言葉だけに頼らない説得力、交渉力、会話力。

257
企画書は1行
野地秩嘉

相手に「それをやろう」と言わせる企画書は、どれも魅力的な一行を持っている――。自分の想いを実現する一行をいかに書くか。第一人者たちの「一行の力」の源を紹介する。

286
接待の一流
おもてなしは技術です
田崎真也

なぜ日本人男性は「もてなしベタ」なのか？　世界一ソムリエが、必ず相手に喜ばれるもてなし術を「接待編」と「デート編」に分けて解説。これをマスターすれば、人生が変わる！

403
夢をカタチにする仕事力
映画祭で学んだプロジェクトマネジメント
別所哲也

「短編映画のすばらしい世界を、みんなにも知ってもらいたい」――手弁当で始めた映画祭が、アメリカ・アカデミー賞公認のビッグイベントに！　生みの親による体験的ビジネス論。

417
キラークエスチョン
会話は「何を聞くか」で決まる
山田玲司

会話は「何を話すか」ではなく「何を聞くか」で決まる――聞き役に徹して、相手の心の奥にある固い扉をこじ開ける質問を重ねれば、人間関係は必ず良くなる。初対面も怖くない！

460
「情報創造」の技術
三浦展

収集・整理術だけでは生き残れない！「下流社会」「ファスト風土」など多くのキーワードを生み、時代を予測し続けてきた著者が、企画・調査・プレゼン等の独自ノウハウを初公開。